VOM GARTEN IN DIE VASE

KATHARINA FUNK

SCHNITTBLUMEN
DAS GANZE JAHR

KOSMOS

INHALT

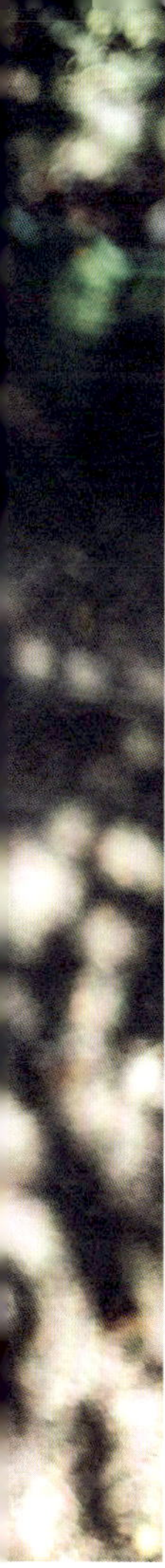

Schnitt-
blumen aus
dem eigenen
Garten

SCHNITTBLUMEN AUS MEINEM GARTEN

Im Garten vergaß und vergesse ich den Rest der Welt: Anrufe in Abwesenheit auf dem Handy, vergessene Verabredungen, zu spät am Kindergarten – aber immer glücklich.

Aller Anfang ist schwer

Im Frühling 2014 stolperte ich im Baumarkt über einen großen Ständer mit vielen kleinen Samentütchen. Die Bilder auf den Verpackungen sahen wunderschön und vielversprechend aus. Ich war hochschwanger, hatte viel Zeit und dachte mir: So schöne Blumen möchte ich auch!

Und so steckte ich zum ersten Mal die verschiedensten Blumensamen in alle Töpfe und Kisten, die ich auf unserer Terrasse finden konnte. Ich goss, wartete und freute mich über die ersten zaghaften Pflänzchen. Und dann im Sommer war es um mich geschehen: Aus diesen kleinen Samenkörnern konnten solch wunderbare, große Blumen werden?!
Ich staunte, schnupperte und schnitt meine ersten kleinen Sträuße. Ich war hin und weg und wollte Blumen in allen erdenklichen Farben und Formen anbauen. Uniforme Supermarktblumen ade, ab jetzt gab es für mich nur noch einzigartige Sträuße vom eigenen Balkon.
Meine Blumen blühten, wenn es für sie an der richtigen Zeit war, keine glich der anderen, sie waren gesund und kräftig, und in jedem Zimmer unserer Wohnung standen Sträuße, die den Raum mit ihrem Duft erfüllten.

EIN GARTEN MUSSTE HER

Kisten reichten mir nicht mehr, ich brauchte mehr Platz für meine Visionen und Pläne. Und, tatsächlich, ich hatte Glück und fand schnell eine Parzelle in einem Kleingartenverein. Sie war völlig verwahrlost, niemand wollte dieses kleine Stückchen Land voller wilder Brombeeren, Brennnesseln und Ackerschachtelhalm – nur die Wühlmäuse, Kaninchen, Maulwürfe und Nacktschnecken fühlten sich pudelwohl. Doch für mich war dieser Flecken Erde das größte Glück! Endlich genug Platz, um meinen Traum Wirklichkeit werden zu lassen: ein bunter Garten voller Blumen, in dem es summt und surrt und aus dem ich jeden Abend mit einem Arm voller Blumen nach Hause käme. Ich fing noch am gleichen Tag an, mein erstes großes Blumenbeet anzulegen.
Plötzlich zog es mich ständig nach draußen, auch bei Wind und Wetter radelte ich zu meinem Garten. Ich schlüpfte in meine Gartenschuhe und verschwand irgendwo zwischen Bäumen und Büschen in einem Blumenbeet – zupfte, säte, teilte, goss und schnitt, bis es dunkel und still wurde.

WIE GING ES WEITER?

Nun sind fast zehn Jahre vergangen. Ich habe nicht nur viel über Blumen gelernt, sie auf dem Wochenmarkt verkauft, mit ihnen

> Mit den richtigen **Tipps und Tricks** kann man jeden auch noch so kleinen, verwilderten Garten zu einem bunten Blütenmeer umgestalten!

Morgens früh am Wochenende die Blumen im eigenen kleinen „Blumenladen“ zu ernten, ist etwas ganz Besonderes!

Hochzeiten dekoriert und essbare Blüten an Restaurants geliefert. Ich musste mich auch in Geduld üben, in Zuversicht, Spontaneität und Mut zu Neuem. Ich habe meinen Lebensrhythmus an die Natur angepasst: Im Frühling zieht es mich raus, Neues beginnt, ich sehe die ersten Knospen, spüre, wie sich der Wind und die Vogelstimmen verändern und das große Aussäen und Beeteanlegen beginnt. Im Sommer wird das Tempo ein wenig langsamer, wiederkehrende Aufgaben erfüllen die Tage: Rasen mähen, Unkraut zupfen, gießen, ernten. Die Luft wird morgens unmerklich kühler, die Abende frischer und der Herbst zieht ein mit seinen bunten Farben. Ich habe Zeit zum Beobachten, Genießen und mache mir Notizen: Wie war das Gartenjahr? Was hat toll geklappt, was möchte ich im nächsten Jahr anders machen? Und dann ist er endlich da, der ersehnte Winter – die wohlverdiente Ruhezeit. Mein Garten und ich verabschieden uns für einige Wochen voneinander. Wir brauchen eine Pause. Die Tage werden kürzer und an den dunklen Nachmittagen gibt es für mich nichts Schöneres, als Samenkataloge zu wälzen, in meinen Aufzeichnungen nachzulesen und das neue Blumenjahr zu planen: Was möchte ich ausprobieren? Alles ist möglich und diese Kreativität ist ein großes Geschenk für mich. Ich liebe es, mit so kleinen Mitteln so groß zu planen und zu experimentieren. Jedes Jahr ist anders – denn auch wenn ich noch so geschickt plane, es kommt am Ende doch immer ein bisschen anders als gedacht.

In diesem Buch möchte ich meine Erfahrungen teilen, um dabei zu helfen, auch andere Gärten in üppige Blumenparadiese zu verwandeln. Schaffe dir doch auch deinen eigenen summenden und brummenden „Blumenladen“ mit den schönsten Sorten direkt hinter der Gartenpforte!

Luxus pur: Üppige Blumensträuße binden und mir damit selbst oder anderen ein ganz besonderes Geschenk machen.

Warum Blumen aus dem eigenen Garten?

Woher kommen meine Lebensmittel, sind sie gespritzt oder bio, und wie wurde meine Kleidung produziert? Diese Fragen sind in den letzten Jahren für viele Menschen immer wichtiger geworden.

1

Wir möchten wissen, was wir essen und anziehen, und mit diesem Wissen haben wir die Möglichkeit, uns zu entscheiden: Kaufe ich lieber günstig beim Discounter, gehe ich in den Biosupermarkt, bestelle ich eine Gemüse-Kiste bei einem Biobauern oder baue ich mein Gemüse selbst im Garten an. Die Themen Nachhaltigkeit und Regionalität sind mittlerweile kein Trend mehr, sondern mitten in der Gesellschaft angekommen.

Doch kaum jemand macht sich Gedanken darüber, woher die Blumen kommen, die wir uns auf den Tisch stellen oder die wir verschenken. Da es im Blumenladen zu jeder Jahreszeit eine bunte Auswahl gibt, kaufen wir Rosen im Winter und Nelken im Frühling. Dass Erdbeeren im Dezember nicht im deutschen Freiland gewachsen sein können, ist offensichtlich. Doch stellen wir ein großes Angebot an bunten Tulpen Anfang Januar selten infrage. Stattdessen freuen wir uns, dass der Frühling endlich zu kommen scheint, obwohl doch draußen im Garten eigentlich noch keine Tulpe ihren Kopf aus der Erde stecken mag.

RUND 90 % ALLER SCHNITTBLUMEN KOMMEN AUS DEM AUSLAND

Einige wachsen in Holland in riesigen beheizten und beleuchteten Gewächshäusern. Doch viele Sorten kommen aus fernen Ländern wie Kenia, Äthiopien oder Ecuador. In großen Monokulturen werden unter fragwürdigen Arbeitsbedingungen und mit verschiedenen, bei uns verbotenen Spritzmitteln Blumen produziert. Diese uniforme Massenware hat durch die langen Transportwege bereits viele Tage in der Kühlung verbracht, bevor sie bei uns ankommt. Es gibt weder Pestizidgrenzwerte noch eine Herkunftskennzeichnungspflicht wie bei unseren Lebensmitteln. Doch es geht auch anders!

SLOWFLOWERS

Ausgehend von der Slowflower-Bewegung in den USA ist der Trend endlich auch bei uns angekommen. Das ermöglicht uns zum einen, nachhaltige, regionale und saisonale Blumen direkt bei einer der Vielzahl von neuen „Flowerfarmerinnen“ in Deutschland zu kaufen. Zum anderen

gibt es für die Gartenbesitzerinnen unter uns auch die naheliegende Möglichkeit, unsere Schnittblumen einfach selbst anzubauen! Denn was gibt es Schöneres als wilde, duftende und einzigartige Blumen zu schneiden und zu binden, sie anzufassen und mit allen Sinnen zu genießen? Dafür braucht es weder eine langjährige Ausbildung noch große Blumenfelder. Es bedarf vor allem Neugier, Experimentierfreude und Liebe zu Blumen. Mit ein bisschen Grundwissen, den richtigen Tipps und einer geschickten Beetplanung kannst du vom frühen Frühling bis in den Winter hinein die schönsten Blumen in deinem Garten einfach selbst schneiden.

2

1. Eine wunderbare Auswahl an Frühlingsblumen im Mai

2. Dahlien können von Juli bis Oktober geerntet werden.

DIE BESTEN ARTEN FÜR DEN GARTEN

Einjährige Sommerblüher

Sommerblüher vertragen im Gegensatz zu Coolflowers überhaupt keinen Frost. Sie mögen, wie der Name schon sagt, den Sommer: Sonne und Wärme. Deswegen dürfen sie erst nach den letzten Frösten ausgepflanzt werden.

Je nachdem, in welcher Region man lebt, sind die letzten Fröste meist zwischen Anfang und Ende Mai. Dieses Datum sollte man kennen, um nicht wie ich miterleben zu müssen, wie alle wochenlang gehegten und gepflegten Kosmeen in nur einer Nacht erfroren sind.

GEDULD ZAHLT SICH AUS

Auf den meisten Samentütchen von frostempfindlichen Sommerblühern steht „Aussaat drinnen: ab März, Direktsaat ab Mai/Juni“. Daran hielt ich mich in meinen ersten Jahren, was jedoch zu dem Problem führte, dass bei mir schon ab Mitte April sehr große, lange und dünne Zinnien auf der Fensterbank standen. Sie sehnten sich nach echter Sonne und warmer Erde, kurzum: Ich musste sie auspflanzen. Ich schaute in die Wettervorhersage, ging vom Besten aus und pflanzte meine Zinnien einfach schon Ende April in den Garten. Das Thermometer sackte ein paar Tage später auf knapp 0 °C ab und auch meine Zinnien waren komplett schwarz gefroren. Und natürlich hatte ich keine Samen mehr, um schnell neu auszusäen … Erst als ich von befreundeten Flowerfarmerinnen hörte, dass sie ihre Sommerblüher tatsächlich nicht vor Mitte April aussäen, überwand ich meine Ungeduld, ließ den März verstreichen und startete mit der Anzucht sechs Wochen später als gewohnt. Und was soll ich sagen? Ich würde es nie wieder anders machen! Nicht nur, dass meine Zinnien, Astern, Sonnenblumen und Kosmeen nun schnell in die frühlingswarme Erde dürfen und dort kräftig und gesund heranwachsen. Auch meine Anzucht hat sich total entspannt: Da ich alle im März ausgesäten Coolfowers im April in den Garten pflanze, habe ich nun genug Platz für die dann erst keimenden Sommerblüher. So wechseln sich die beiden Gruppen ab, ich kann meinen Platz besser ausnutzen und muss mich nicht um alles gleichzeitig kümmern.
Im April ausgesäte Sommerblüher blühen dann ab August, wenn die Coolflowers verblüht sind und wechseln sich somit auch im Blumengarten ab. Die perfekt florale Logistik!

Sommerblüher werden gern von Schnecken gefressen. Von Anfang an gut mit Schneckenkragen oder alternativ mit eisenhaltigem Schneckenkorn schützen.

AMARANTH

— *Amaranthus caudatus*

Ja tatsächlich, Amaranth wird nicht nur gern zum Kochen verwendet, sondern kann auch als Schnittpflanze genutzt werden. Wegen seiner länglichen Rispen wird er auch Fuchsschwanz genannt, blüht ab Juli und wird bis zu 150 cm hoch. Häufig sieht man die ungewöhnliche Pflanze in dunklem Bordeaux oder Violett, doch es gibt auch Sorten in Koralle, Braun, Grün oder Orange. Das Besondere ist sein Wuchs: Die langen Blütenrispen hängen geneigt über. Amaranth wird gerne für größere Arrangements genutzt, da er eine ungewöhnliche Textur hat und sofort heraussticht.

AUSSAAT Vorkultur ab März, Direktsaat ab Mitte Mai möglich, Dunkelkeimer.

AUSPFLANZEN Mitte Mai, Abstand 25 cm.

DÜNGEN Wenig: Etwas Kompost beim Pflanzen mit einarbeiten.

SCHNEIDEN Wenn die Blüten eine intensive Färbung haben. Haltbarkeit in der Vase: 5 bis 7 Tage.

MEINE FAVORITEN 'Coral Fountain', 'Love Lies Bleeding'.

BASILIKUM

— *Ocimum basilicum* 'Citriodorum'

Basilikum ist eine super Schnittpflanze und extrem wichtig, weil man die Füller, das „Grünzeug" im Strauß, nicht vergessen sollte. Neben Hasenohr und Apfel-Minze ist Basilikum besonders geeignet. Es wird je nach Sorte ca. 50 cm hoch, duftet toll und bringt Ruhe in jeden Strauß. Auffallend schön ist die Sorte 'Mrs. Burns Lemon' mit glatten, hellgrünen, leuchtenden Blättern, frischem Duft und einem tollen Wuchs. Wenn der Strauß verblüht ist, können die Blätter für die Küche verwendet werden.

AUSSAAT Vorkultur ab März, Direktsaat ab Mitte Mai möglich, Lichtkeimer.

AUSPFLANZEN Nach den letzten Frösten, etwa Mitte Mai, Abstand 25 cm.

DÜNGEN Viel: Kompost und Hornspäne beim Pflanzen mit einarbeiten, alle zwei Wochen mit Jauche gießen.

SCHNEIDEN Kurz bevor die Blüten gebildet werden. Die Blüten halten 5 bis 7 Tage in der Vase.

MEIN FAVORIT 'Mrs. Burns Lemon'.

EINJÄHRIGE

BLAUDOLDE

— *Didiscus caerulea*

Die Blaudolde ist eine zu Unrecht seltene Art im Blumengarten. Ich habe sie durch Zufall bei einer Flowerfarmerin in England entdeckt. Die Pflanze zeigt ab Juli ihre außergewöhnlichen himmelblauen, mittelgroßen Blütenbälle. Es gibt sie auch in Weiß und Rosa. Jede Blütendolde setzt sich aus Hunderten kleiner Blüten zusammen. Das Laub ist gefiedert, der Wuchs aufrecht und sie wird 60 cm groß. Sie hat einen zurückhaltenden Duft und passt gut in romantische Sträuße – zusammen mit Mutterkraut und Nelken. Im Beet füllt sie gern Lücken und sorgt für Leichtigkeit.

AUSSAAT Vorkultur ab März, Direktsaat ab Mai möglich, Dunkelkeimer.

AUSPFLANZEN Mitte Mai. Abstand 25 cm.

DÜNGEN Viel: Kompost und Hornspäne beim Pflanzen mit einarbeiten, alle zwei Wochen mit Jauche gießen.

SCHNEIDEN Wenn die kleinen Knospen sich gerade öffnen. Die Blüten halten 5 bis 7 Tage in der Vase.

KAPUZINERKRESSE

— *Tropaeolum majus*

Eine Kapuzinerkresse im Schnittblumengarten? Ja, das geht! Kapuzinerkressen entwickeln bis zu 100 cm lange Blütenranken und an diesen können die Blüten ab Juli so tief abgeschnitten werden, dass sie in einen Strauß passen. Neben den klassischen orangefarbenen und gelben Sorten gibt es sie auch in Apricot über Rosa bis Pink. Kapuzinerkresse ist ein Allrounder, da sie nicht nur Schädlinge von anderen Pflanzen abwehrt, sondern sich auch als essbare Deko auf Torten, in Salaten oder Suppen nutzen lässt. Sie schmeckt leicht scharf und gibt jedem Gericht eine raffinierte Würze.

AUSSAAT Vorkultur ab März oder Direktsaat ab Mai, Dunkelkeimer.

AUSPFLANZEN Mitte Mai, Abstand 30 cm.

DÜNGEN Nicht nötig.

SCHNEIDEN Wenn die Knospen sich öffnen. Die Blüten halten 6 bis 8 Tage in der Vase.

MEINE FAVORITEN 'Ladybird', 'Cherryrose', 'Salmon Baby'.

KOSMEE

— *Cosmos bipinnatus*

Wenn ich nur einen Sommerblüher wählen dürfte, es wären Kosmeen! Die bis zu 150 cm großen Sonnenliebhaber sehen mit ihrem filigranen, feinen Laub und den großen, seidenen Blüten einfach wunderschön aus. Dazu produzieren sie wie keine andere Blume ab Juli laufend viele neue Stiele, die immer wieder geschnitten werden können. Dank ihres buschigen Wuchses können sie auch wunderbar als Gestaltungselement im Beet eingesetzt werden, zum Beispiel um Lücken zu schließen.

AUSSAAT Ab März. Ich säe aber lieber erst ab April aus, damit sie schnell raus in die warme Erde können.

AUSPFLANZEN Mitte Mai, Abstand 35 cm.

DÜNGEN Viel: Kompost und Hornspäne beim Pflanzen mit einarbeiten, alle zwei Wochen mit Jauche gießen.

SCHNEIDEN Wenn die Knospen sich gerade öffnen und die inneren Röhrenblüten noch geschlossen sind. Die Blüten – übrigens essbar – halten 6 bis 8 Tage in der Vase.

MEINE FAVORITEN 'Cupcake Blush', 'Rubenza'.

SOMMERASTER

— *Callistephus chinensis*

Es gibt unzählige Astern-Arten. Ich habe mich für den Schnitt ganz klar in die Sommer- oder auch Chinaaster verliebt. Am schönsten finde ich die päonienblütigen Formen der 'Duchess'- oder 'Tower'-Serie. Ihre großen, dicht gefüllten, runden Blüten erinnern tatsächlich an kleine Pfingstrosen. Sie haben allerdings einen straff aufrechten Wuchs, werden 80 cm groß und bilden ab Juli immer neue Knospen aus. Zudem sieht die Sommeraster auch nach zwei Wochen in der Vase noch richtig toll aus.

AUSSAAT Ab März, Lichtkeimer.

AUSPFLANZEN Nach den letzten Frösten Mitte Mai, Abstand 25 cm.

DÜNGEN Viel: Kompost und Hornspäne beim Pflanzen mit einarbeiten, alle zwei Wochen mit Jauche gießen.

SCHNEIDEN Wenn die Knospen zur Hälfte geöffnet sind. Die Blüten halten ca. 14 Tage in der Vase und können auch als essbare Deko genutzt werden.

MEINE FAVORITEN 'Tower Chamois Apricot', 'Duchess Rose'.

EINJÄHRIGE

SONNENBLUME

— *Helianthus annuus*

Die bis zu 2 m hohen Bauerngarten-Klassiker bringen im Hochsommer Fröhlichkeit in jedes Beet. Als Schnittblume finde ich sie allerdings etwas unpraktisch: Viele Sorten entwickeln nur einen Stiel und sind nach dem Schnitt sofort verschwunden. Verzweigte Sorten bilden zwar mehrere Stiele aus, diese sind jedoch meist recht dünn und fallen in der Vase vornüber. Da die nektarreichen Sonnenblumen Insektenmagnete sind, haben sie trotzdem einen festen Platz in meinem Garten.

AUSSAAT Ab März, auch Direktsaat ab Mitte Mai möglich, Dunkelkeimer.

AUSPFLANZEN Mitte Mai, Abstand 10 cm (eintriebig), 25 cm (verzweigt).

DÜNGEN Viel: Kompost und Hornspäne beim Pflanzen mit einarbeiten, alle zwei Wochen mit Jauche gießen.

SCHNEIDEN Wenn die Knospen zur Hälfte geöffnet sind. Die Blüten halten 6 bis 8 Tage in der Vase und sind sogar essbar.

MEINE FAVORITEN 'Irish Eyes', 'Floris'.

STROHBLUME

— *Helichrysum bracteatum*

Strohblumen sind für mich ein Wunder! Sie sind frisch geschnitten wunderschön: rund, mittelgroß, glänzend und leuchtend. Und je mehr man die 100 cm hohen Pflanzen ab Juli beschneidet, umso mehr Blüten werden laufend produziert. Da sich die Blüten (essbar!) nach dem Schnitt noch leicht öffnen, schneidet man sie am besten recht knospig. Und das Beste: Getrocknet behalten die Blüten Farbe und Form für Jahre. Die perfekten Trockenblumen für Kränze im Winter! Ich dekoriere mit ihnen auch gern Geschenke.

AUSSAAT Ab März, Lichtkeimer.

AUSPFLANZEN Mitte Mai, Abstand 25 cm.

DÜNGEN Viel: Kompost und Hornspäne beim Pflanzen mit einarbeiten, alle zwei Wochen mit Jauche gießen.

SCHNEIDEN Wenn sich die äußeren Blütenblätter gerade öffnen. Die Blüten halten ca. 14 Tage in der Vase.

MEINE FAVORITEN 'Salmon Rose', 'Silvery Rose', 'Bright Rose', 'Purple Red'.

TROMMELSTÖCKCHEN

— *Craspedia globosa*

Der Trommelstock macht seinem Namen alle Ehre: Er bildet eine flache Rosette mit grünen Blättern, die auf der Erde aufliegen. Daraus erwachsen ab Juli die 50 cm hohen, aufrechten, dünnen Stiele, an deren Ende je eine kugelrunde, kleine feste Blüte sitzt – eben wie ein Trommelstock. *Craspedia* bringt mit ihren satten gelben Blüten schöne leuchtende und vor allem ungewöhnliche Akzente in jeden frischen Strauß. Und zusammen mit Strohblumen und Strandflieder zaubert sie satte Farben in getrocknete Kränze und kleine Sträuße. Doch auch solo in einer schmalen Vase sehen drei oder fünf getrocknete Stiele toll aus und halten viele Jahre.

AUSSAAT Ab März, Lichtkeimer.

AUSPFLANZEN Nach den letzten Frösten, etwa Mitte Mai, Abstand 25 cm.

DÜNGEN Wenig: Etwas Kompost beim Pflanzen reicht.

SCHNEIDEN Wenn die Knospen ganz geöffnet sind. Die Blüten halten ca. 14 Tage in der Vase.

ZINNIE

— *Zinnia elegans*

Zinnien sind meine große Liebe auf den zweiten Blick. Neben den orangefarbenen, gelben und roten Formen habe ich erst später weiße, apricot- oder zartrosafarbene Sorten entdeckt – dicht gefüllt und außergewöhnlich. Das Tolle: Sie sind alle super einfach aus Samen zu ziehen. Wenn man die 70 cm hohen Blumen an einen sonnigen, warmen Platz im Garten setzt, ihnen viel Kompost gibt und sie vor Schnecken schützt, kann man ab Juli bis zu den ersten Frösten laufend neue Stiele schneiden. Die Blüten lassen sich auch als essbare Deko verwenden.

AUSSAAT Ab März, Direktsaat ist ab Mai möglich, Dunkelkeimer.

AUSPFLANZEN Mitte Mai, Abstand 35 cm.

DÜNGEN Viel: Kompost und Hornspäne beim Pflanzen mit einarbeiten, alle zwei Wochen mit Jauche gießen.

SCHNEIDEN Wenn die Knospen weit geöffnet sind und der Stiel richtig fest ist. Die Blüten halten 6 bis 8 Tage in der Vase.

MEINE FAVORITEN 'Senorita', 'Zinderella Peach'.

Coolflowers

Ich hatte lange überlegt, welchen deutschen Namen man dieser Kategorie von Blumen geben könnte: Frostharte, Kühlblüher, Kaltkeimer, harte Einjährige … Aber irgendwie klang das alles unpassend und holperig.

Bis in den Juli hinein sind Folgeaussaaten mit Coolflowers möglich, sodass Kornblumen und Löwenmäulchen auch noch im Dezember blühen können.

Deswegen übernehme ich einfach den Begriff „Coolflowers", der vor allem von Lisa Mason Ziegler, einer amerikanischen Flowerfarmerin, geprägt wurde.
Als ich das erste Mal meine eigenen Blumen aus Samen zog, hielt ich mich an die Anleitung auf der Rückseite der Samentüten. Dort stand eigentlich immer: ab März drinnen vorziehen, ab Mai auspflanzen oder Direktsaat ab Mai. So machte ich es und hatte von Juli bis Oktober viele schöne blühende Blumen in meinem Garten.
Dass man diese Termine bei sehr vielen Arten, eben den Coolflowers, ohne Weiteres drei oder sogar sieben Monate vorziehen konnte, veränderte meinen Garten von Grund auf: Plötzlich blühten meine Löwenmäulchen und Kornblumen bereits Ende Mai statt wie sonst im Juli!

WANN WIRD AUSGESÄT?

Es erscheint total unlogisch, Blumen im Herbst und Winter auszusäen. Aber genau das ist für viele Schnittblumen der richtige Zeitpunkt und schenkt uns üppige Blumenbeete im Frühling, wenn sonst noch nicht viel blüht! Neben der früheren Blüte wachsen die Coolflowers auch viel robuster und kräftiger heran, wenn sie einige leichte Fröste durchleben. Sie mögen es einfach kalt, möchten langsam wachsen und geben dann ab Mai so richtig Gas.
Coolflowers sät man am besten im Spätsommer und frühen Herbst aus – im August oder September. Da die Erde noch schön warm ist, ermöglicht das auch eine Direktsaat. Je nach Sorte brauchen die kleinen Pflänzchen im Winter gar keinen, etwas oder sehr viel Schutz, zum Beispiel in einem Gewächshaus, Folientunnel oder unter einem Vlies.
Alternativ können Coolflowers auch ab Anfang Februar im Haus (mit künstlichem Licht) oder ab Mitte März auf der Fensterbank vorgezogen und dann bereits ab April ausgepflanzt werden.

ÄHREN-SALBEI

— *Salvia farinacea*

Der Dauerblüher macht sich besonders gut im Staudenbeet. Bereits ab Anfang Juni zeigt die 70 cm hohe, aufrechte Pflanze ihre dunkellilafarbenen Blüten. Man kann bis in den späten Herbst hinein laufend Stiele schneiden. Mich erinnert er ein wenig an Lavendel, doch seine Farben leuchten stärker, und das Laub ist kräftig grün. Am besten pflanzt man ihn in Gruppen. Damit wirkt er wie ein kleiner Busch, und es ergibt sich eine ruhigere Struktur im Beet. Hummeln und Bienen lieben ihn!

AUSSAAT Ab Februar drinnen oder Direktsaat ab April bzw. Ende August, Lichtkeimer.

AUSPFLANZEN Geschützt ab Ende März/Anfang April, Abstand 25 cm.

DÜNGEN Wenig: etwas Kompost beim Pflanzen oder vor der Direktsaat einarbeiten.

SCHNEIDEN Wenn die unteren Knospen sich gerade öffnen, Haltbarkeit in der Vase ca. 7 Tage.

MEINE FAVORITEN 'Victoria Blue'.

CHINESISCHES VERGISSMEINNICHT

— *Cynoglossum amabile*

Der Name ist zwar lang, aber wichtig, denn das Chinesische Vergissmeinnicht sollte nicht mit dem herkömmlichen Vergissmeinnicht *(Myosotis)* verwechselt werden. Es wird nämlich deutlich größer, etwa 50 cm, hat eine kräftige blaue Farbe und blüht schon wenige Wochen nach der Aussaat – ab Mai. Auch das Chinesische Vergissmeinnicht versamt sich gern selbst und wandert durch den Garten. Leider wird es häufig von Schnecken angeknabbert und muss schon im frühen Frühling aufmerksam geschützt werden. Die niedlichen Blüten bringen durch ihr ungewöhnliches, klares Blau tolle Farbakzente ins Beet und in jeden Strauß.

AUSSAAT Ab Februar drinnen oder Direktsaat ab April bzw. Ende August, Dunkelkeimer.

AUSPFLANZEN Ab April, Abstand 25 cm.

DÜNGEN Wenig: etwas Kompost beim Pflanzen.

SCHNEIDEN Wenn die Blüten zur Hälfte geöffnet sind. Sie halten in der Vase 5 bis 7 Tage.

COOLFLOWERS

DUFT-WICKE

— *Lathyrus odoratus*

Für viele Jahre waren Wicken in der Versenkung verschwunden, abgetan als altmodisch. Doch umso größer ist ihr Revival: Es gibt wohl keine Blumengärtnerin, die auf diese filigranen, duftenden Schnittblumen verzichtet – trotz der recht kurzen Haltbarkeit! Die „tanzenden Elfen“ öffnen ab Ende Juni ihre duftenden Blüten und ranken über 2 m hoch. Dafür eignen sich hohe Zäune oder Rosenbögen gut. So lassen sie sich auch perfekt für die Gartengestaltung verwenden. Wicken wurzeln schnell tief: Am besten klappt das bei einer Direktsaat ab Ende April.

AUSSAAT Ab März in tiefe Töpfe, Dunkelkeimer, Direktsaat ab Ende April oder im August.

AUSPFLANZEN Geschützt ab Ende April, Abstand 25 cm.

DÜNGEN Viel: Kompost und Hornspäne beim Pflanzen, alle zwei Wochen Jauche.

SCHNEIDEN Nur die untersten Blüten sollten geöffnet sein, Haltbarkeit in der Vase ca. 5 Tage.

MEINE FAVORITEN ‘Deep Purple’, ‘Salmon Cream’.

HASENOHR

— *Bupleurum rotundifolium*

Hasenohr ist das perfekte Grün für jeden Strauß. Es wirkt frisch, leicht und passt zu jeder Farbe. Ich pflanze es nur für den Schnitt an, da es jeden Strauß so wunderbar füllt, für Ruhe sorgt und Harmonien schafft. Dank der außergewöhnlichen Textur der grüngelben Blütenblätter sieht es so interessant aus. Einmal im Garten etablier, versamt sich die 70 cm hohe Pflanze in der Regel großzügig selbst. Die kleinen, kugeligen Samen können zusätzlich ganz einfach selbst gesammelt und wieder ausgesät werden. Eine gestaffelte Aussaat alle drei Wochen sorgt für Blüten bis in den Herbst hinein.

AUSSAAT Ab Februar drinnen oder Direktsaat ab April oder Ende August, Lichtkeimer.

AUSPFLANZEN Ab April, Abstand 25 cm.

DÜNGEN Wenig: etwas Kompost beim Pflanzen.

SCHNEIDEN Ab Juni, wenn die Blüten ganz geöffnet sind, Haltbarkeit in der Vase 7 bis 10 Tage.

MEIN FAVORIT ‘Griffithii’.

HASENSCHWANZGRAS

— *Lagurus ovatus*

Diese Schnittpflanze macht ihrem Namen alle Ehre: Die puscheligen Enden des Grases sehen tatsächlich aus wie weiche, kleine Hasenschwänze. Ab Juni bringt das samtig glänzende Hasenschwanzgras dadurch eine besondere Natürlichkeit in jeden Strauß. Auch das Blumenbeet bereichern die 50 cm hohen Stiele durch ihre außergewöhnliche Textur. Das Gras passt gut zwischen viele niedrig bleibende Stauden. Die Stiele können wunderbar in Kränze gebunden werden oder sehen auch solo und getrocknet in kleinen Vasen für viele Jahre dekorativ aus. Die frischen Puschel sind hellgrün. Je mehr die Ähren reifen, changiert die Farbe in ein cremiges Weiß.

AUSSAAT Ab Februar drinnen oder Direktsaat ab April oder Ende August, Dunkelkeimer (nur mit 5 mm Erde bedecken).

AUSPFLANZEN Ab April, Abstand 25 cm.

DÜNGEN Wenig: Etwas Kompost beim Pflanzen.

SCHNEIDEN Wenn die Ähren ganz geöffnet sind. Sie halten in der Vase mehrere Wochen.

ISLAND-MOHN

— *Papaver nudicaule*

Es gibt drei Mohnsorten im Blumengarten: Klatsch-Mohn, Päonien-Mohn und Island-Mohn. Letzterer wird 40 cm groß und ist von den Dreien am besten für den Schnitt geeignet, da er tatsächlich eine Woche in der Vase hält! Island-Mohn mag es kühl, weswegen die feinen Samen Anfang des Jahres drinnen ausgesät werden sollten, damit die Pflanzen bereits ab Mai noch vor der Hitze des Hochsommers blühen. Er braucht lange zum Keimen und Wachsen, doch dann schenkt er uns tolle, handtellergroße Blüten. Es gibt ihn in Weiß, Pink, Orange, Apricot und Gelb. Die Sorte mit den größten Blüten ist 'Colibri'.

AUSSAAT Ab Februar drinnen oder Direktsaat ab April oder Ende August, Lichtkeimer.

AUSPFLANZEN Ab April, Abstand 25 cm.

DÜNGEN Wenig: etwas Kompost beim Pflanzen.

SCHNEIDEN Sobald sich die Knospen leicht öffnen und man die Blütenfarbe erkennt. Haltbarkeit in der Vase ca. 7 Tage.

MEINE FAVORITEN 'Champagner Bubbles', 'Colibri'.

COOLFLOWERS

JUNGFER IM GRÜNEN

— *Nigella papillosa*

Wie kleine Sterne schweben die Blüten der Jungfer im Grünen über dem Beet. Sie ist eine meiner Lieblingsblumen: Die Farben changieren von dunklem Lila über kräftiges Blau hin zu Himmelblau, Weiß und Rosa. Jungfer im Grünen mögen eine Direktsaat im Herbst am liebsten. Sie blühen dann im Folgejahr ab Juni und werden 50 cm groß. Frisch geschnitten bringen sie Leichtigkeit in jeden Strauß. Allerdings lohnt es sich, nicht alle Blüten zu schneiden. Neben der Selbstaussaat eignen sich die besonderen Samenstände hervorragend zum Trocknen und sehen auch solo in der Vase sehr interessant aus.

AUSSAAT Ab Februar drinnen oder Direktsaat ab April oder Ende August, Dunkelkeimer (nur mit 5 mm Erde bedecken).

AUSPFLANZEN Ab April, Abstand 10 cm.

DÜNGEN Wenig: etwas Kompost beim Pflanzen.

SCHNEIDEN Wenn die Blüten gerade geöffnet sind. Die Blüten halten 5 bis 7 Tage in der Vase.

MEINE FAVORITEN 'Miss Jekyll', 'Mulberry Rose'.

KNORPELMÖHRE

— *Ammi majus*

In diesem Fall klingt der botanische Name *Ammi majus* viel schöner als die deutsche Bezeichnung Knorpelmöhre. Ich nenne diese wunderbare Schnittblume kurz „Ammi", ohne sie dabei natürlich mit *Ammi visnaga*, dem Bischofskraut, zu verwechseln. *Ammi majus* wird bis zu 150 cm groß und blüht ab Juni in unterschiedlichen Farben: von strahlendem Weiß über helles Grün bis hin zu Rosa, Bordeaux und Lila. Sie gibt jedem Beet etwas Leichtes, Natürliches und lockt zahlreiche Insekten an. Die doldenförmigen Blüten werden handtellergroß und füllen schnell jeden Strauß.

AUSSAAT Ab Februar drinnen oder Direktsaat ab April oder Ende August, Dunkelkeimer.

AUSPFLANZEN Ab April, Abstand 35 cm.

DÜNGEN Wenig: Etwas Kompost beim Pflanzen.

SCHNEIDEN Wenn die Dolden weit geöffnet sind. Die Blüten halten 6 bis 8 Tage in der Vase.

MEINE FAVORITEN 'Daucus Dara', 'Green Mist', 'White Dill'.

KORNBLUME

— *Centaurea cyanus*

Ich liebe Kornblumen! Nicht nur, weil sie ab Juni dieses einzigartige Blau in den Garten bringen, sondern auch weil sie jedem Strauß oder (Haar-)Kranz eine romantisch-natürliche Note verleihen. Kornblumen sind tolle Anfängerblumen: Sie keimen zu nahezu 100 %, egal ob drinnen oder als Direktsaat draußen. Auch das Sammeln der Samen geht im Herbst ganz einfach. Beim Schnitt der 150 cm großen Pflanzen darf man rigoros vorgehen: die Schere ruhig tief ansetzen, auch auf die Gefahr hin, mehrere noch geschlossene Knospen mit abzuschneiden. Das ist kein Problem, da sich permanent neue Blüten bilden.

AUSSAAT Ab Februar drinnen oder Direktsaat ab April oder Ende August, Dunkelkeimer.

AUSPFLANZEN Ab April, Abstand 25 cm.

DÜNGEN Wenig: etwas Kompost beim Pflanzen.

SCHNEIDEN Wenn die Blüten sich gerade öffnen. Haltbarkeit in der Vase ca. 10 Tage. Die Blüten sind essbar.

MEINE FAVORITEN 'Blue Boy', 'Midget Lilac', 'Midget Purple'.

LAND-NELKE

— *Dianthus caryophyllus*

Land-Nelken hatte ich unter angestaubten „Kitschblumen" abgespeichert, doch dann entdeckte ich diese wunderbaren Farben: cremiges Weiß, helles Rosa und sanftes Apricot. Die gefederten Blüten wirken auf einmal elegant und romantisch. Land-Nelken blühen ab Juli und werden 50 cm groß. Die Blüten verströmen einen leicht würzigen, süßen Duft und schmecken auch gut in Salaten. Sie werden allerdings schnell zu schwer für die zarten Stiele. Eine Stütze mit einem Stab im integrierten Beet oder einem Netz im separaten Beet ist perfekt.

AUSSAAT Ab Februar drinnen oder Direktsaat ab April bzw. Ende August, Lichtkeimer.

AUSPFLANZEN Ab April, Abstand 25 cm.

DÜNGEN Wenig, etwas Kompost beim Pflanzen.

SCHNEIDEN Wenn die Blüten zur Hälfte geöffnet sind. Haltbarkeit in der Vase 14 bis 20 Tage.

MEINE FAVORITEN 'Chabaud La France', 'Jeanne Dionis', 'Orange Sherbet'.

COOLFLOWERS

LEVKOJE

— *Matthiola incana*

Ich liebe einfach alles an Levkojen: ihre langen Stiele mit den vielen kleinen gefüllten, essbaren Blüten, die sich ab Juni öffnen und ihren Duft, der sehr intensiv ist. Levkojen haben etwas Altmodisches und sehen doch solo in einer Vase total zeitlos und elegant aus. Sie machen sich auch toll in einem Strauß, zum Beispiel mit Apfel-Minze, Pfingstrosen und *Orlaya*. Der einzige Nachteil: Sie entwickeln nur einen Stiel pro Pflanze, ca. 70 cm lang, wie Sonnenblumen oder Tulpen. Deswegen muss man sich entscheiden: für die Vase schneiden oder als Augenweide stehen lassen! Ich mache in einem großen Beet immer beides.

AUSSAAT Ab Januar drinnen mit künstlichem Licht oder geschützt Ende August, Lichtkeimer.

AUSPFLANZEN Ab April, Abstand 10 cm.

DÜNGEN Mittel: etwas Kompost beim Pflanzen.

SCHNEIDEN Wenn die unteren Blüten geöffnet sind. Haltbarkeit in der Vase ca. 14 Tage.

MEINE FAVORITEN 'Rainbow', 'Apricot'.

LÖWENMÄULCHEN

— *Antirrhinum majus*

Die robusten Löwenmäulchen entwickeln bis zu 80 cm lange Stiele und große Blütenrispen. Da es sie in allen erdenklichen Farben gibt, passen sie in jedes Beet und in jeden Strauß. Löwenmäulchen sind nicht die Schnellsten, es dauert über drei Monate von der Aussaat bis zur Blüte im Juli. Die Samen sind fein, und die Pflänzchen wachsen langsam – nicht wundern! Sobald die Tage länger werden, geben sie Gas. Ab da schieben sich bis zum Frost Dutzende neue, essbare Blüten empor.

AUSSAAT Ab Februar drinnen oder Direktsaat ab April bzw. Ende August, Lichtkeimer.

AUSPFLANZEN Ab April, Abstand 25 cm.

DÜNGEN Viel: Kompost und Hornspäne beim Pflanzen, alle zwei oder drei Wochen Jauche.

SCHNEIDEN Wenn ein Drittel der unteren Blüten geöffnet ist. Die essbaren Blüten halten 10 bis 14 Tage in der Vase.

MEINE FAVORITEN 'Madame Butterfly Ivory', 'Potomac Lavender'.

RINGELBLUME

— *Calendula officinalis*

Ringelblumen habe ich erst lieben gelernt, als ich die neueren, wunderschönen Züchtungen in Buttercremegelb, Elfenbein und sanftem Bronze entdeckte. Die Anzucht ist einfach: Sowohl im Haus als auch als Direktsaat keimen die ringelförmigen Samen ruckzuck – es kann wirklich nichts schiefgehen. Ringelblumen blühen dann unermüdlich ab Mai bis in den Herbst hinein. Ich benutze die bis zu 50 cm hohen Blumen mit den essbaren Blüten gern als Beeteinfassung, Lückenfüller und als Partnerpflanzen im Gemüsebeet. Sie aktivieren nämlich über ihre Wurzeln das Bodenleben und halten Nematoden auf Abstand.

AUSSAAT Ab Februar drinnen oder Direktsaat ab April oder Ende August, Dunkelkeimer.

AUSPFLANZEN Geschützt ab Ende März, Abstand 25 cm.

DÜNGEN Wenig: etwas Kompost beim Pflanzen.

SCHNEIDEN Wenn sie ganz aufgeblüht ist. Haltbarkeit in der Vase 5 bis 7 Tage.

MEINE FAVORITEN 'Princess Ivory', 'Red Buff', 'Orange Flash'.

SCHLEIERKRAUT

— *Gypsophila elegans*

Sowohl im Garten als auch in frischen oder getrockneten Sträußen und Arrangements sorgt das Schleierkraut für Leichtigkeit und Romantik: Wie weiße Wolken schweben die Blüten ab Anfang Juni zwischen den Stauden im Blumenbeet. Bei einer Direktsaat werden die Blumen am kräftigsten und bis zu 60 cm hoch. Sie blühen zwar nur für zwei Wochen, versamen sich aber bis in den Winter laufend selbst. Möchte man das lückenlose Blühen nicht dem Zufall überlassen, kann man alle zwei bis drei Wochen selbst aussäen. Schleierkraut gibt es neben dem klassischen Weiß auch in Rosa und Pink.

AUSSAAT Ab Februar drinnen, ich empfehle eine Direktsaat ab April und im August, Lichtkeimer.

AUSPFLANZEN Geschützt ab Ende März, Abstand 25 cm.

DÜNGEN Nicht nötig.

SCHNEIDEN Wenn die kleinen Blüten geöffnet sind. Haltbarkeit in der Vase 7 bis 10 Tage.

MEINE FAVORITEN 'Covent Garden', 'Kermesina'.

COOLFLOWERS

SKABIOSE

— *Scabiosa atropurpurea*

Skabiosen haben einen luftigen, grazilen und eleganten Wuchs. Ihre Blüten sind zunächst wie kleine, feste Knöpfe, deren äußerste Blüten sich dann ab Juli langsam nach innen öffnen, bis die ganze Knospe zu einer puscheligen, kleinen Blütenwolke wird. Skabiosen brauchen unbedingt eine Stütze. Am besten spannst du ein vertikales Netz oder baust ein kleines Gerüst aus Bambusstäben, durch das sie hindurchwachsen können. Wenn die Knospen erblühen, bekommen die schlanken, bis zu 100 cm hohen Pflanzen so viel Gewicht, dass sie sonst umfallen.

AUSSAAT Ab März oder Direktsaat ab April und im August, Lichtkeimer.

AUSPFLANZEN Geschützt ab Ende März, Abstand 25 cm.

DÜNGEN Mittel: etwas Kompost beim Pflanzen.

SCHNEIDEN Sobald sich die ersten kleinen Blüten am äußeren Kranz öffnen. Haltbarkeit in der Vase 7 bis 10 Tage.

MEINE FAVORITEN 'Salmon Rose', 'Snowmaiden', 'Black Night', 'Fata Morgana'.

STRAHLEN-BREITSAME

— *Orlaya grandiflora*

Orlaya ist völlig zu Unrecht eine Seltenheit in unseren Gärten. Sie bildet wunderschöne, reinweiße Blütendolden, die sich aus Hunderten kleiner sternförmiger Blüten zusammensetzen. Mit ihren 60 cm Höhe wirkt sie luftig, leicht und elegant – sie sieht sowohl im Beet als auch in der Vase großartig aus. Am besten klappt die Direktsaat im August. Die robuste *Orlaya* übersteht selbst harte Fröste, kommt ohne Schutz durch die Wintermonate und blüht im kommenden Jahr bereits ab Mai. Sie sieht besonders toll aus zusammen mit Fingerhut und Pfingstrosen. Alle drei blühen zur gleichen Zeit und haben ganz unterschiedliche Texturen.

AUSSAAT Ab Februar drinnen oder Direktsaat ab April bzw. Ende August, Lichtkeimer.

AUSPFLANZEN Geschützt ab Ende März, Abstand 25 cm.

DÜNGEN Wenig: nur etwas Kompost beim Pflanzen.

SCHNEIDEN Wenn sie ganz aufgeblüht ist. Haltbarkeit in der Vase 5 bis 7 Tage.

STRANDFLIEDER

— *Limonium sinuatum*

Strandflieder gehört neben Strohblumen zu den besten Trockenblumen. Die kleinen, knisternden Blüten behalten ihre leuchtenden Farben auch noch nach vielen Jahren und eignen sich hervorragend für getrocknete Sträuße oder Kränze. Strandflieder wird bis zu 60 cm hoch und blüht je nach Aussaat von August bis November. Wenn ihm der Standort gefällt, schiebt er unermüdlich neue Stiele hervor. Sein Laub wirkt etwas spröde, weshalb ich ihn in die Beetmitte pflanze, damit seine gelblichen Blätter schnell verdeckt werden und nur die wunderschönen Blütenrispen zu sehen sind.

AUSSAAT Ab Februar drinnen oder Direktsaat ab April oder Ende August, Lichtkeimer.

AUSPFLANZEN Ab April, Abstand 25 cm.

DÜNGEN Wenig: etwas Kompost beim Pflanzen.

SCHNEIDEN Wenn die Blüten ganz geöffnet ist. Haltbarkeit in der Vase 10 bis 14 Tage.

MEINE FAVORITEN 'Apricot Shades', 'Sky Blue'.

WACHSBLUME

— *Cerinthe major*

Von den Blüten, die *Cerinthe* ab Juni zeigt, war ich sofort hin und weg: Die hellgrünen, runden Blätter wechseln nach oben hin zu einem dunklen Lila, woraus sich die kleinen, tropfenförmigen Blüten ergeben. Die Samen der 50 cm hohen Blume sind zwar recht teuer, aber einmal im Garten etabliert, versamt sie sich von selbst und man kann sehr einfach selbst Samen sammeln. Mein Tipp: *Cerinthe* macht nach dem Schneiden erstmal schlapp. Doch wickelt man sie straff aufrecht in Zeitung und lässt sie über Nacht an einem kühlen Ort ordentlich Wasser trinken, hält sie danach locker eine Woche in der Vase.

AUSSAAT Ab Februar drinnen oder Direktsaat ab April oder Ende August, Dunkelkeimer.

AUSPFLANZEN Ab April, Abstand 25 cm.

DÜNGEN Mittel: Kompost beim Pflanzen.

SCHNEIDEN Wenn die Knospen geöffnet sind. Haltbarkeit in der Vase ca. 7 Tage.

MEINE FAVORITEN 'Pride of Gibraltar', 'Purpurascens'.

Zweijährige

Diese Gruppe der Blumen aus Samen haben einen zweijährigen Lebensrhythmus: Sie werden im ersten Jahr – in der Regel im Juni – ausgesät, wachsen zu kleinen grünen Pflanzen heran, überwintern und blühen dann erst im darauffolgenden Jahr im späten Frühling.

Zweijährige sind eine tolle Ergänzung zu Coolflowers, da sie noch etwas früher blühen – Goldlack und Nachtviolen zum Beispiel schon im April –, und damit die Lücke zwischen Frühblühern und Coolflowers schließen. Es gibt verschiedene, wunderschöne Arten wie Fingerhut und Bart-Nelken und damit eine tolle Möglichkeit, den Garten schon im April und Mai zum Blühen zu bringen.

ZWEIJÄHRIGE AUSSÄEN

Die Anzucht von Zweijährigen ist super, weil man sie direkt draußen im Garten oder auf der Terrasse machen kann und zu dieser Zeit im Jahr keine Fensterbank mehr benötigt. Die Tage sind lang, es gibt genügend Sonnenstunden, und auch die Erde ist schön warm, sodass die Samen schnell keimen und von Anfang an kräftig wachsen – vorausgesetzt, die Erde wird gleichmäßig feucht gehalten. Es ist auch eine Direktsaat möglich, dabei sollte auf Schnecken geachtet werden. Wenn in Töpfen vorgezogen wurde, pflanzt man die kleinen Setzlinge im August an den gewünschten Platz. Zweijährige brauchen im Gegensatz zu Coolflowers keinen Winterschutz – sie sind sehr frosthart.
Man kann Zweijährige auch noch später im Jahr aussäen, im Juli oder August, aber dann wird ihre Blattrosette bis zur Winterpause deutlich kleiner bleiben, und die Blüte setzt im darauffolgenden Jahr erst später ein. Auch im Januar ist eine Anzucht mit künstlichem Licht möglich, die Blumen blühen dann noch im selben Jahr, nur später und nicht ganz so kräftig.

GARTENVAGABUNDEN

Die meisten Arten dieser Gruppe versamen sich sehr gerne, beispielsweise Nachtviolen und Fingerhut, und bleiben somit für immer im Garten. Dafür braucht man nur einige Blüten stehen zu lassen, sodass der Samen gut ausreifen und sich verteilen kann. Natürlich kann man die Samen auch selbst sammeln und gezielt vorziehen, um die Blumen an einen gewünschten Platz zu setzen.

Selbst gesammelte Samen sind ein tolles Geschenk und können schön in gebastelte Tütchen gefüllt und beschriftet werden.

BART-NELKE

— *Dianthus barbatus*

Im Vergleich zu ihrer eleganten Schwester, der Land-Nelke, ist die Bart-Nelke deutlich einfacher zu schneiden. Sie bildet einen großen Blütenball mit vielen kleinen Einzelblüten auf kräftigen, 60 cm hohen Stielen ohne Seitentriebe. So hat man mit einem Schnitt direkt eine füllende Blume für den Strauß. Im Januar ausgesät blühen sie im gleichen Jahr ab August. Wenn man sie im Juni aussät und überwintert, zeigen sie ihre Blüten bereits ab Juni des folgenden Jahres. Bart-Nelken wandern gern durch Selbstaussaat durch den Garten. Die Blüten sind essbar und können als Salatdeko genutzt werden.

AUSSAAT Im Juni in Töpfe oder Direktsaat, eine Anzucht im Januar drinnen ist auch möglich, Lichtkeimer.

AUSPFLANZEN Im September oder April, Abstand 25 cm.

DÜNGEN Wenig bis mittel: Eine jährliche Kompostgabe reicht.

SCHNEIDEN Wenn sich die ersten Blüten öffnen. Haltbarkeit in der Vase ca. 14 Tage.

MEINE FAVORITEN 'Albus', 'Newport Pink', 'Black Adder'.

FINGERHUT

— *Digitalis purpurea*

Den Fingerhut habe ich erst für mich entdeckt, als ich sah, was für eine großartige Kombination zusammen mit Pfingstrosen entsteht: Mit seinen aufrechten, bis zu 100 cm hohen, spitzen Blütendolden ist er ein toller Kontrast zu den runden, dicken Blütenbällen der Pfingstrosen. Man kann ihn wunderbar auch an schattigere Plätze pflanzen, wo er im Juni für ordentlich Farbe sorgt. Er blüht in Weiß, Rosa, Lila oder Apricot. In der Vase macht er sich vor allem solo gut – in einem möglichst hohen, schmalen Gefäß. Vorsicht: Fingerhut ist sehr giftig!

AUSSAAT Im Juni in Töpfe oder Direktsaat, alternativ im Januar drinnen, Lichtkeimer.

AUSPFLANZEN Im September oder April, Abstand 25 cm.

DÜNGEN Wenig bis mittel: Eine jährliche Kompostgabe reicht.

SCHNEIDEN Wenn sich die ersten unteren Blüten öffnen. Haltbarkeit in der Vase ca. 7 Tage.

MEINE FAVORITEN 'Dalmatian Peach', 'Snowy Mountain', 'Suttons Apricot'.

ZWEIJÄHRIGE

GOLDLACK

— *Erysimum cheiri*

Goldlack lässt den Garten bereits ab April wunderbar leuchten und zwar nicht nur in Gelb oder Orange, sondern auch in Dunkelrot, Weiß, Flieder oder Rosa. An einem warmen und nicht zu feuchten Platz bleibt der zweijährige Goldlack auch gern mal für drei Jahre stehen und überwintert. Als Schnittblume sorgt Goldlack mit seinen kleinen, feinen Blüten in Kombination mit Tulpen und Narzissen für Abwechslung in den ersten Frühlingssträußen. Er duftet lieblich nach Veilchen und bringt etwas Leichtes und Verspieltes in das Arrangement. Vorsicht: giftig!

AUSSAAT Im Juni in Töpfe oder Direktsaat, alternativ im Januar drinnen, Dunkelkeimer.

AUSPFLANZEN Im September oder April, Abstand: 25 cm

DÜNGEN Wenig bis mittel: Eine jährliche Kompostgabe reicht.

SCHNEIDEN Wenn sich die ersten Blüten öffnen. Haltbarkeit in der Vase ca. 14 Tage.

MEINE FAVORITEN 'Aurora', 'Bowles Mauve', 'Plant World Lemon'.

MARIEN-GLOCKENBLUME

— *Campanula medium*

Campanula bedeutet Glöckchen und so macht die Blume ihrem Namen alle Ehre: Wie kleine blaue, weiße, lila- oder rosafarbene Glocken öffnen sich die Blüten ab Juni. Sie passen perfekt in jeden romantischen Bauerngarten. Die Stiele werden 50 bis 90 cm lang und sollten tief geschnitten werden. Die geruchlosen Blüten lassen sich gut mit stärkeren Düften kombinieren, beispielsweise Nelken. Glockenblumen verleihen jedem Strauß etwas Luftiges und machen ihn zu einem nostalgischen Frühlingsgruß. Das Beste: Sie halten locker zwei Wochen in der Vase!

AUSSAAT Im Juni in Töpfe oder Direktsaat, alternativ im Januar drinnen, Lichtkeimer.

AUSPFLANZEN Im September oder April, Abstand 25 cm.

DÜNGEN Mittel: Hornspäne beim Pflanzen geben und eine jährliche Kompostgabe.

SCHNEIDEN Wenn sich die ersten Blüten öffnen. Haltbarkeit in der Vase ca. 14 Tage.

MEIN FAVORITEN 'Weiß', 'Carmine Rose', 'Light Blue'.

NACHTVIOLE

— *Hesperis matronalis*

Allein durch ihren geheimnisvollen Namen hat sich die Nachtviole ihren Platz in meinem Garten schon gesichert. Dazu ist sie natürlich wunderschön mit ihren großen Blütendolden, die sich aus unzähligen, kleinen, essbaren Blüten zusammensetzen. Nachtviolen öffnen bereits ab Mai ihre Blüten, und man kann die 70 cm langen Stiele schneiden. Besonders hübsch ist eine Kombination mit Frauenmantel, Katzenminze und Lupinen. Neben dem klassischen Lila gibt es sie auch in reinem Weiß, Flieder oder hellem Rosa. Ihren Namen verdankt sie ihrem feinen Duft, den sie vor allem in den Abendstunden verströmt.

AUSSAAT Im Juni in Töpfe oder Direktsaat, alternativ im Januar drinnen, Lichtkeimer.

AUSPFLANZEN Im September oder April, Abstand 25 cm.

DÜNGEN Mittel: Eine jährliche Kompostgabe reicht.

SCHNEIDEN Wenn ein Drittel der Blüten geöffnet sind. Haltbarkeit in der Vase 7 bis 10 Tage

MEINE FAVORITEN 'Nuance', 'Alba', 'Lila'.

RAUER SONNENHUT

— *Rudbeckia hirta*

Dieser Garten-Sonnenhut blüht für eine Zweijährige recht spät: Erst ab August öffnen sich die Blüten der je nach Sorte bis zu 80 cm großen Sommerblume. So bringt sie den Garten im Herbst zusammen mit Dahlien zum Strahlen. Der Raue Sonnenhut hat tellerförmige Blüten mit einem platten Köpfchenboden auf langen Stielen. Dadurch passt er toll als Füller in große Sträuße. Ich nutze die Rudbeckie besonders gern als Gestaltungselement in meinen Staudenbeeten, da sie buschig wächst, schönes Laub entwickelt und lange blüht. Bei mir wandert sie durch den Garten, und ich musste sie kein zweites Mal aussäen.

AUSSAAT Im Juni in Töpfe oder Direktsaat, alternativ im Januar drinnen, Lichtkeimer.

AUSPFLANZEN Im September oder April, Abstand 30 cm.

DÜNGEN Mittel: Eine jährliche Kompostgabe reicht.

SCHNEIDEN Wenn die Blüten zur Hälfte geöffnet sind. Haltbarkeit in der Vase ca. 7 Tage

MEINE FAVORITEN 'Cherry Brandy', 'Prairie Sun', 'Sahara'.

Stauden

Stauden bilden das Grundgerüst eines Schnittblumengartens. Denn wo Blumen aus Samen vielleicht nicht keimen, vertrocknen oder weggeschwemmt und Dahlien von Schnecken dezimiert werden, treiben Stauden jedes Jahr aufs Neue verlässlich aus.

Ein weiterer großer Vorteil: Sie machen kaum Arbeit. Stauden werden als fertige Pflanzen im Topf gekauft und dann mitsamt dem Erdballen an den gewünschten und geeigneten Standort gepflanzt. Das ist im Herbst und im Frühling möglich. Empfohlen wird meist der Herbst, da dann der Boden noch warm ist. Doch ich habe die Erfahrung gemacht, dass manche jungen Stauden doch nicht über den ersten Winter kommen und sie besser und kräftiger heranwachsen, wenn ich sie im Frühling setze, am besten erst im April, wenn es keine stärkeren Fröste mehr gibt.
Wenn sich Stauden an ihrem Standort wohlfühlen, muss man nichts weiter tun, als sie beim Austrieb mit etwas Kompost zu düngen und zu gießen, wenn sie durstig sind. Dann schenken sie uns jedes Jahr tolle Blüten, ganz ohne Einpflanzen, Ausgraben, Einlagern oder Aussäen.

RUHE UND HARMONIE

Die meisten Stauden haben große, prachtvolle Blüten wie Rittersporn, Phlox, Lupinen oder Pfingstrosen. Ihr Wuchs ist oft buschig und kräftig. Damit geben sie nicht nur den Beeten Ruhe und Struktur, sondern sie sorgen auch in Sträußen und Arrangements für Harmonie.

Ein bisschen Geduld ist gefragt

Allerdings brauchen Stauden meist zwei oder drei Jahre, bis sie richtig üppig blühen und kräftig beschnitten werden können. Deswegen sollte man sie frühzeitig in die Planung eines Schnittblumengartens integrieren.
Wer viel Platz hat, kann ganze Reihen einer Sorte nur zum Schnitt anpflanzen. Wenn der Garten etwas kleiner ist, so wie bei mir, sind gemischte Beet toll: eine Kombination aus Stauden, die jedes Jahr blühen, und Blumen aus Samen sowie Frühblühern und Dahlien, die jährlich wechseln.

DER PREIS ZAHLT SICH AUS

Stauden kosten zu Beginn mehr als Blumen aus Samen. In einem Samentütchen sind für zwei oder drei Euro 50 bis 100 Blumen enthalten. Eine einzelne Staude kostet meist zwischen drei und sechs Euro. Doch die Staude bleibt, vergrößert sich und blüht Jahr um Jahr ohne Zutun.

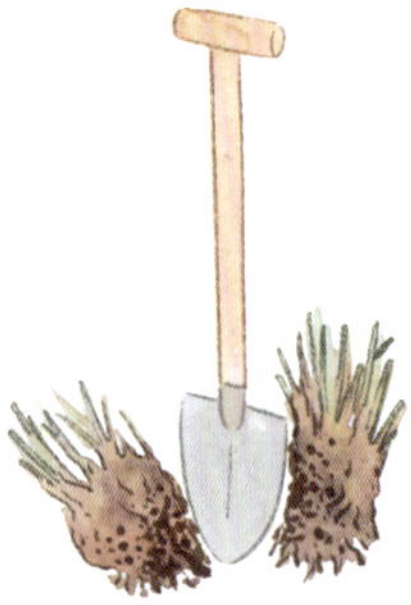

Aus eins mach zwei: Für mehr Blühfreude größere Stauden im Herbst ausgraben, mit einem Spaten teilen und an einen neuen Standort pflanzen.

AKELEI

— *Aquilegia vulgaris*

Die Akelei überraschte mich im ersten Frühling meines Schrebergartens. Obwohl die Parzelle sechs Jahre brach lag, hatten ein paar Pflanzen überlebt und leuchteten nun im Mai in sanftem Rosa und kräftig dunklem Lila in den Abendstunden. Wie kleine Feenwesen schwebten die geheimnisvollen Blütenglöckchen in dem wilden Stück am Ende meines Gartens. Als Schnittblume eignet sich die Akelei so hervorragend, weil sie starke, gerade, bis zu 80 cm lange Stiele entwickelt. Sie kann sehr einfach geschnitten werden, bringt Luftigkeit und Leichtigkeit in jeden Blumenstrauß und sieht auch solo in hohen, schmalen Vasen toll aus. Es gibt sie auch in weiteren wunderschönen Farben wie Rosa, Weiß oder Blau.

PFLANZUNG Im Frühjahr oder Herbst.

DÜNGEN Nicht nötig.

SCHNEIDEN Sobald sich die Blüte öffnet. Haltbarkeit in der Vase 7 bis 10 Tage.

MEINE FAVORITEN 'Plena Nora Barlow', 'Alba', 'Rose Barlow'.

APFEL-MINZE

— *Mentha suaveolens*

Ich habe viele verschiedene Minzarten und -sorten ausprobiert und keine eignet sich so toll als Füller in Sträußen wie die Apfel-Minze. Zum einen sieht sie besonders schön aus mit ihren weichen, maigrünen, großen Blättern. Zum anderen hält sie ewig, wurzelt oft sogar erneut in der Vase und duftet herrlich leicht und frisch. Apfel-Minze mag es feucht-frisch im Halbschatten. Bei mir wächst sie gern unter Bäumen und breitet sich dort schnell aus. Bereits ab Mitte April kann man die bis zu 60 cm langen Stiele schneiden, sollte sie nach dem Schnitt jedoch zum Hydrieren sofort an einen möglichst kühlen Ort in viel Wasser stellen. Wenn sie sich so richtig wohlfühlt an ihrem Standort, wächst sie sehr üppig, manchmal fast zu üppig – aber das ist kein Problem. Die Blätter eignen sich auch super für Tee, Limonaden oder andere Getränke.

PFLANZUNG Im Frühjahr oder Herbst.

DÜNGEN Nicht nötig.

SCHNEIDEN Ab Mitte April. Haltbarkeit in der Vase 14 bis 21 Tage.

STAUDEN

BART-IRIS

— *Iris barbata*

Diese Iris musste mein Herz erst gewinnen. Zu Beginn meiner Blumenliebe fand ich sie aufdringlich und fremdartig. Mittlerweile bin ich fasziniert von ihren außergewöhnlichen, riesigen Blüten und dem unendlich scheinenden Farbspektrum. In allen Regenbogenfarben leuchten die Blüten an den aufrechten, langen Stielen bereits ab Mitte Mai. Da sie bis zu 120 cm groß werden können, lassen sie sich wunderbar in die Beetmitte oder in den Hintergrund pflanzen. Bei den Blüten kann man nicht nur aus tausend Farben wählen, auch die Struktur ist von Sorte zu Sorte unterschiedlich: glatt, gewellt oder gerüscht – alles ist möglich.

PFLANZUNG Im Frühjahr oder Herbst, wurzelnackte Ware nur im Herbst.

DÜNGEN Mittel: Kompost und Hornspäne beim Pflanzen sowie eine jährliche Kompostgabe.

SCHNEIDEN Sobald sich die Blüte öffnet. Haltbarkeit in der Vase ca. 5 Tage.

MEINE FAVORITEN 'Lugano', 'Gerit', 'Immortality'.

CHRYSANTHEME

— *Chrysanthemum*

Chrysanthemen hatte ich abgespeichert als pinke oder gelbe, kleinblütige und uniforme Massenware an der Supermarktkasse. Doch in England entdeckte ich ganz andere Sorten mit wunderschönen, gefüllten, riesigen Blütenbällen – ähnlich wie Pfingstrosen. Ich bestellte Stecklinge der Sorte 'Allouise' und durfte schon im ersten Jahr ab September traumhafte, 80 cm lange Stiele schneiden. Ich war begeistert von der Haltbarkeit: bis zu drei Wochen in der Vase! Chrysanthemen sind frostempfindlich und brauchen viel Schutz mit Stroh und Laub. Am besten gelingt eine Pflanzung im Gewächshaus.

PFLANZUNG Als Stecklinge im Frühjahr geschützt vortreiben, auspflanzen ab Mai, Abstand 30 cm.

DÜNGEN Mittel: Kompost und Hornspäne beim Pflanzen sowie eine jährliche Kompostgabe.

SCHNEIDEN Wenn die Blüten sich öffnen. Die Blüten halten 14 bis 21 Tage in der Vase.

MEINE FAVORITEN 'Avignon Pink', 'Allouise Salmon'.

FETTHENNE

— *Sedum*

Wahrlich nicht der schönste Name, doch die Fetthenne ist eine großartige Schnittblume. Sie entwickelt sehr lange, bis zu 70 cm hohe Stiele und große flache Blüten, die sich aus Hunderten minikleiner Blüten zusammensetzen. Die fleischigen, dicken Blätter können nach dem Schnitt ganz einfach abgestreift werden. *Sedum* ist absolut anspruchslos und kann in verschiedenen Stadien geschnitten werden: Noch knospig sind die Blüten hellgrün und bringen eine interessante Form in ein Arrangement. Offen variieren die Blütenfarben dann je nach Sorte von Hellgelb über Rosa bis Dunkelrot.

PFLANZUNG Im Frühjahr oder Herbst, Vermehrung über Stecklinge im April möglich.

DÜNGEN Nicht nötig.

SCHNEIDEN Jederzeit, sobald sich die Knospen hellgrün zeigen. Haltbarkeit in der Vase ca. 14 Tage.

MEINE FAVORITEN *Sedum telephium* 'Herbstfreude' und 'Karfunkelstein', *Sedum spectabile* 'Iceberg'.

FRAUENMANTEL

— *Alchemilla xanthochlora*

Der Frauenmantel kommt ganz unscheinbar daher und fällt im Garten nicht gleich auf den ersten Blick auf. Doch gerade das macht ihn bereits ab Mai im Strauß und auch im Staudenbeet zu etwas ganz Besonderem: Er besticht durch seine zurückhaltende, ausgleichende Art. Mit seinen 50 cm langen, hellgrünen Blütenrispen sorgt er für Ruhe und Frische und lässt seine Blumenpartner umso mehr strahlen. Im Beet klappt das toll mit den verschiedensten Rosen, aber auch mit Fingerhut oder Katzenminze. Im Strauß hebt er Lupinen, Pfingstrosen und *Orlaya* hervor. Nach einem Rückschnitt remontiert die Staude und blüht im Herbst ein zweites Mal – dann zwar etwas kleiner, aber trotzdem immer noch sehr schön.

PFLANZUNG Im Frühjahr oder Herbst.

DÜNGEN Mittel: Kompost und Hornspäne beim Pflanzen sowie eine jährliche Kompostgabe.

SCHNEIDEN Sobald sich die Blüte öffnet. Haltbarkeit in der Vase ca. 7 Tage. Die Blüten kann man auch als essbare Deko für Salate nutzen.

STAUDEN

GLATTBLATT-ASTER

— *Aster novi-belgii*

Eine fliederfarbene Glattblatt-Aster stand bereits in meinem Schrebergarten, als ich diesen übernahm. Davor lag der Garten sechs Jahre brach, ohne jegliche Pflege. Die Aster trieb trotzdem munter im nächsten Frühling wieder aus und blühte ab September wunderschön. Diese bis zu 100 cm hohe Staude gehört also definitiv zu den anspruchslosesten Blumen im Garten. Astern sind robust und breiten sich sehr gern über ihre kriechenden Wurzeln aus. Ich steche sie regelmäßig ab, um sie im Zaum zu halten und pflanze die übrigen Wurzelstöcke in etwas schattigere Gartenecken um – auch da blüht sie, wenn auch etwas kleiner, ganz toll.

PFLANZUNG Im Frühjahr oder Herbst.

DÜNGEN Nicht nötig.

SCHNEIDEN Sobald sich die Blüte öffnet. Haltbarkeit in der Vase ca. 7 Tage. Die Blüten lassen sich auch als essbare Deko für Salate verwenden.

MEINE FAVORITEN 'White Ladies', 'Rosa Perle'.

GOLD-FELBERICH

— *Lysimachia punctata*

Einmal Gold-Felberich – immer Gold-Felberich! Die bis zu 90 cm hohe Staude breitet sich sehr gern und rasch über kräftige Wurzelausläufer aus, sodass man sie bereits im zweiten Jahr teilen und überall im Garten ansiedeln kann. Falls sie sich zu sehr ausbreitet: Einfach die Ausläufer abstechen und umpflanzen. Gold-Felberich bevorzugt zwar einen nährstoffreichen, lehmigen und frischen Boden, kommt aber an allen anderen Standorten in meinem Garten problemlos zurecht und ist absolut pflegeleicht. Die langen Rispen mit den vielen kleinen gelben Blüten öffnen sich bereits ab Mitte Mai gemeinsam mit Bart-Nelken und Glockenblumen und geben so dem Garten und Blumensträußen sehr früh leuchtende Farbtupfer. Wichtig ist es, nach dem Schnitt alle unteren Blätter und Blüten am Stiel zu entfernen.

PFLANZUNG Im Frühjahr oder Herbst.

DÜNGEN Nicht nötig.

SCHNEIDEN Sobald die unteren Blüten geöffnet sind. Haltbarkeit in der Vase ca. 7 Tage.

GOLD-WOLFSMILCH

— *Euphorbia polychroma*

Durch einen Zufall entdeckte ich die Gold-Wolfsmilch bei einer Flowerfarmerin und fand das helle Maigrün so hübsch als Füller im Strauß, dass ich sie gleich in meinen eigenen Blumengarten pflanzte. Füller sind sehr wichtig, denn sie bringen Ruhe in jedes Arrangement und auch ins Blumenbeet. Die Gold-Wolfsmilch wird zwar mit nur 40 cm nicht besonders hoch, aber für mittelgroße Sträuße ist sie wunderbar geeignet. Was am Tollsten ist: Die Stiele können sehr früh im Jahr, schon ab Mai, geschnitten werden. Die Pflanze wächst dicht buschig und hat sehr hübsches Laub, sodass sie besonders gut in den Vordergrund eines Schnittblumenbeetes passt. Auch nach der Blüte sieht das Laub noch lange hübsch aus.

PFLANZUNG Im Frühjahr oder Herbst.

DÜNGEN Mittel: Kompost und Hornspäne beim Pflanzen sowie eine jährliche Kompostgabe.

SCHNEIDEN Wenn die Stiele fester sind. Haltbarkeit in der Vase ca. 7 Tage.

KANDELABER-EHRENPREIS

— *Veronicastrum virginicum*

Kandelaber-Ehrenpreis mag es vollsonnig und trotzdem frisch. Besonders gut gefällt es ihm also in einem sonnigen Beet, am besten mittig oder hinten, wo er im Sommer regelmäßig gegossen wird. Die prächtige Staude wird bis zu 150 cm hoch und schmückt den Blumengarten von Juni bis August mit ihren leuchtenden langen Blütenrispen. Im Sommer lieben alle Insekten die vielen kleinen Einzelblüten, doch den Schmetterlingen schmeckt der Nektar anscheinend besonders gut - sie tummeln sich in großer Zahl an den Rispen. Kandelaber-Ehrenpreis lockert Blumensträuße und Arrangements durch seine lanzenartig geformten Blüten toll auf.

PFLANZUNG Im Frühjahr oder Herbst.

DÜNGEN Mittel: Kompost und Hornspäne beim Pflanzen sowie eine jährliche Kompostgabe.

SCHNEIDEN Sobald die unteren Blüten zur Hälfte geöffnet sind. Haltbarkeit in der Vase ca. 7 Tage.

MEINE FAVORITEN 'Pink Glow', 'Fascination', 'Lavendelturm'.

LAVENDEL

— *Lavandula angustifolia*

Lavendel gehört zum Standardrepertoire eines jeden Staudenbeetes und obwohl ursprünglich eine mediterrane Pflanze, kommt er in unseren Breitengraden sehr gut zurecht. Ab Juni schmückt er mit seinen meist lilafarbenen duftenden Blütenrispen den Garten. Lavendel mag es gern trocken, sonnig und warm und wird je nach Sorte bis zu 70 cm hoch. Ich nutze Lavendel am liebsten als Beeteinfassung. Da ich ihn nach der Blüte kräftig beschneide, bildet er eine niedrige, duftende Hecke. So sorgt er für Ordnung und Struktur und schenkt mir tolle Blüten, die ich am liebsten trockne und in Kränze einbinde. Auch im März sollte die Staude erneut geschnitten werden, damit sie nicht verholzt und ihre Form behält.

PFLANZUNG Im Frühjahr oder Herbst.

DÜNGEN Nicht nötig.

SCHNEIDEN Sobald sich die Blüte öffnet. Haltbarkeit in der Vase ca. 14 Tage.

MEINE FAVORITEN 'Arctic Snow', 'Hidcote Blue'.

LENZROSE

— *Helleborus × orientalis*

Lenzrosen werden mit ihren 40 cm langen Blüten deutlich größer als Christrosen und eignen sich damit super zum Schnitt. Die eleganten, immergrünen Stauden blühen bereits ab Februar und den ganzen März hindurch. An sonnigen Frühlingstagen liefern sie früh erwachten Bienen tolles Nektarfutter. Lenzrosen fühlen sich am Gehölzrand besonders wohl. Ich habe sie unter meine Apfelbäume gepflanzt – das gefällt ihnen sehr gut. Nach dem Schnitt sollte man sie komplett für einige Stunden in Wasser legen, damit sie vollständig hydrieren können. Bei den Blütenfarben gibt es viel Auswahl: von Bordeauxrot, über Rosa, Pink, Buttercreme, Reinweiß bis hin zu Gelb.

PFLANZUNG Im Frühjahr oder Herbst.

DÜNGEN Nicht nötig.

SCHNEIDEN Wenn die Blüten ganz geöffnet sind und die Samenstände herausfallen. Haltbarkeit in der Vase ca. 7 Tage

MEINE FAVORITEN 'Pink Lady', 'Picotee Double Ellen', 'White Spotted Lady', 'Red Spotted Lady'.

LUPINE

— *Lupinus polyphyllus*

Lupinen haben etwas Majestätisches. Im Staudenbeet beeindrucken sie durch ihren ausladenden Wuchs und die hohen, prächtigen Blütenkerzen. Doch auch in großen Sträußen setzen sie Akzente. Ab Juni öffnen sich die Blüten der bis zu 120 cm hohen Stauden langsam von unten nach oben. Wenn man nicht alle Blüten schneidet, bringen Lupinen dem Garten so mehrere Wochen Farbe in Weiß, Apricot, Lila, Rosa oder Gelb. Immer öfter werden auch zweifarbige Sorten angeboten. Besonders hübsch wirken Lupinen zusammen mit Schwertlilien *(Iris)* und Margeriten. Beim Austrieb sollten sie unbedingt vor Schnecken geschützt werden, sonst bleibt nichts übrig.

PFLANZUNG Im Frühjahr oder Herbst.

DÜNGEN Wenig: nur kleine Kompostgaben nach dem Austrieb.

SCHNEIDEN Sobald sich die unteren Blüten öffnen. Haltbarkeit in der Vase 7 bis 10 Tage.

MEINE FAVORITEN 'Masterpiece', 'Camelot Yellow', 'Edelknabe', 'Salmon Star'.

MARGERITE

— *Leucanthemum maximum*

Margeriten verwandeln jedes Beet in einen kleinen romantischen Bauerngarten. Sie wirken sehr natürlich und lockern einen Strauß auf. Als heimische Wildblumen passen sie mit ihren reinweißen, großen Körbchenblüten besonders gut zu leuchtend blauen Kornblumen oder lilafarbenem Ähren-Salbei. Die anspruchslose Staude kommt auf jedem Gartenboden zurecht. Mit ihren bis zu 90 cm langen Stielen eignet sie sich perfekt auch für große Sträuße. Im Staudenbeet harmonieren Margeriten am schönsten mit Stauden-Phlox oder Kandelaber-Ehrenpreis. Ihre unzähligen leichten, scheibenförmigen Blüten zeigt sie von Juli bis Ende August.

PFLANZUNG Im Frühjahr oder Herbst.

DÜNGEN Mittel: Kompost und Hornspäne beim Pflanzen sowie eine jährliche Kompostgabe.

SCHNEIDEN Sobald sich die Blüte öffnet. Haltbarkeit in der Vase 7 bis 10 Tage.

MEINE FAVORITEN 'Beethoven', 'Eisstern'.

MUTTERKRAUT

— *Tanacetum parthenium*

Mutterkraut verwechselte ich zunächst mit Kamille. Doch Mutterkraut ist ganz klar die bessere Schnittblume: Sie ist absolut winterhart, wird höher als Kamille, hat etwas größere, aber ebenfalls essbare Blüten und vor allem eine deutlich bessere Standfestigkeit. Die 80 cm hohe Staude zeigt ihre vielen kleinen, leichten Blüten von Juni bis September und füllt damit über mehrere Wochen die Sträuße. Sie gibt jedem Arrangement eine romantische, natürliche Note und lockert auch Beete wunderschön auf. Ihre Blätter vergilben schnell von unten her, weswegen ich sie bevorzugt in die Mitte oder in den Hintergrund pflanze. Mutterkraut versamt sich sehr gern im gesamten Garten und muss in der Regel nur ein einziges Mal ausgesät und gepflanzt werden.

PFLANZUNG Im Frühjahr oder Herbst.

DÜNGEN Nicht nötig.

SCHNEIDEN Sobald sich die Blüte öffnet. Haltbarkeit in der Vase 10 bis 14 Tage.

PFINGSTROSE

— *Paeonia lactiflora*

Für mich ist die Pfingstrose der Inbegriff der Blütenpracht im Cottage Garten – wie eine Dame, die Hof hält. Sie mutet so romantisch und anmutig an und ist sicher auch deshalb so etwas Besonderes, weil sie nur einmal im Jahr und dann nur recht kurz blüht – eben meist zu Pfingsten. Wenn sie sich am Standort wohlfühlt und nicht weiter belästigt, soll heißen umgepflanzt wird, blüht sie über viele Jahre hinweg zuverlässig und wird von Jahr zu Jahr immer kräftiger. Wichtig: Die ersten zwei Jahre solltest du nach einer Neupflanzung keine Blüten abschneiden. Das fällt zwar schwer, aber nur so entwickelt sich die Staude zu einer robusten und großen Blütenlieferantin.

PFLANZUNG Im Oktober.

DÜNGEN Nach dem Austrieb mit Hornspäne oder Kompost.

SCHNEIDEN Sobald die Blütenknospen sich weich anfühlen. Haltbarkeit in der Vase 7 bis 10 Tage.

MEINE FAVORITEN 'Sarah Bernard', 'Etched Salmon', 'Carnation Bouquet', 'White Frost'.

PRACHTSPIERE

— *Astilbe × arendsii*

Prachtspieren gehören zu den wenigen Schnittstauden, die auch im Schatten sehr gut zurechtkommen. Sie brauchen einen feuchten Standort und müssen bei Trockenheit regelmäßig gegossen werden. Mit ihren hohen, bis zu 100 cm langen Blütenrispen verzaubern sie von Juli bis August dunklere Gartenecken, gern auch am Gehölzrand, wo es frisch und feucht ist. Ihre auffallenden rosafarbenen, pinken oder cremeweißen Blüten, die wie große Federn wirken, bringen Leichtigkeit und Romantik in jedes Arrangement. Besonders toll passen sie in Hochzeitssträuße. Aber auch solo in einer hohen, schmalen Vase sehen sie hübsch und elegant aus – sowohl frisch als auch getrocknet.

PFLANZUNG Im Frühjahr oder Herbst.

DÜNGEN Nach dem Austrieb mit Hornspäne oder Kompost.

SCHNEIDEN Wenn die unteren Blüten der Rispe geöffnet sind. Haltbarkeit in der Vase ca. 14 Tage.

MEINE FAVORITEN 'Brautschleier', 'Anita Pfeifer', 'Cattleya'.

PURPUR-SONNENHUT

— *Echinacea purpurea*

Auch wenn der Purpur-Sonnenhut schnell mit der auch Sonnenhut genannten Rudbeckie verwechselt werden kann, sind beide doch unterschiedlich: Der Purpur-Sonnenhut blüht in sattem Rosa und sein Blütenkorb ist stachelig aufgestellt, weshalb die Blüten häufig auch als Igelköpfe bezeichnet werden. *Echinacea* passt ganz toll in klassische Beete zu anderen Bauerngartenstauden wie Phlox, Pfingstrosen oder Rittersporn. Sie wird bis zu 100 cm groß und blüht ab Juli in klassisch sanftem Rosa-Pink, aber auch in Weiß. Wegen ihres buschigen Wuchses nutze ich sie gern zur Gartengestaltung. Ihre Blüten können auch als essbare Salatdeko verwendet werden.

PFLANZUNG Im Frühjahr oder Herbst.

DÜNGEN Nach dem Austrieb mit Hornspäne oder Kompost und später alle sechs Wochen mit Jauche.

SCHNEIDEN Wenn die Blüte geöffnet und der Stiel richtig fest ist. Haltbarkeit in der Vase ca. 7 Tage.

MEINE FAVORITEN 'Rubinstern', 'Augustkönigin', 'Alba'.

STAUDEN

RITTERSPORN

— *Delphinium × cultorum, Delphinium × elatum*

Meine große Liebe: der Stauden-Rittersporn! Für mich symbolisiert die bis zu 180 cm große Schmuckstaude den englischen Cottage Garten, wo sie ab Juni mit ihren riesigen leuchtend blauen Blütenrispen oft alte Steinmauern schmückt. Doch leider liebt der Rittersporn meinen Garten oder meine Erde oder den Standort – oder mich? – nicht. Kaum eine der unzähligen gepflanzten Stauden kam bisher im nächsten Jahr noch einmal wieder. Deswegen bin ich dazu übergegangen, den einjährigen Feldrittersporn (*Consolida ajacis*, siehe S. 96) anzupflanzen, aber ganz aufgeben kann ich es nicht. Wichtig: gleich beim Austrieb mit Schneckenkragen schützen! Vorsicht: giftig!

PFLANZUNG Im Frühjahr oder Herbst.

DÜNGEN Nach dem Austrieb mit Hornspäne oder Kompost.

SCHNEIDEN Sobald die unteren Knospen geöffnet sind. Haltbarkeit in der Vase ca. 7 Tage.

MEINE FAVORITEN 'Summer Skies', 'Delphi's Misty'.

SCHAFGARBE

— *Achillea millefolium*

Die Schafgarbe ist ein Geschenk für jeden naturnahen Garten: Sie braucht kaum gegossen zu werden und ihre dichten, großen Blütenteller sind ein absoluter Insektenmagnet. Außerdem kann man ihre essbaren Blätter und Blüten auch für einen entzündungshemmenden, krampflösenden Tee verwenden. Zusammen mit Margeriten, Kornblumen und Mohn ergibt sich ab Juni im Beet eine wunderschöne, pflegeleichte Blumenwiesen-Atmosphäre und es können Dutzende luftig-leichte Sträuße gebunden werden. Das verblühte Laub der Schafgarbe ist nicht so hübsch, weswegen ich sie mittig ins Staudenbeet setze und nach der Blüte tief zurückschneide. Sie dankt es mit einem zweiten Austrieb und einer kleineren Blüte.

PFLANZUNG Im Frühjahr oder Herbst.

DÜNGEN Beim Pflanzen etwas Hornspäne geben.

SCHNEIDEN Sobald die Blüten geöffnet sind. Haltbarkeit in der Vase ca. 7 Tage.

MEINE FAVORITEN 'Apfelblüte', 'Lachsschönheit'.

STAUDEN-PHLOX

— *Phlox paniculata*

Stauden-Phlox, auch Flammenblume genannt, ist eine klassische Bauerngartenstaude. Vor allem in Pink und Rosa sieht man ihn häufig neben Pfingstrosen und Rittersporn. Da es ihn auch in Weiß, Violett und sogar Blau gibt, gehört er zu meinem festen Repertoire an Schnittstauden. Mit seinen dicken, duftenden Blütenrispen füllt er sofort jeden Sommerstrauß und mit den bis zu 90 cm langen Stielen passt er auch super in große Arrangements. Stauden-Phlox blüht ab Juli, doch wenn man ihn Anfang Juni zur Hälfte pinziert, staffelt sich seine Blüte bis in den September.

PFLANZUNG Im Frühjahr oder Herbst.

DÜNGEN Im Frühling mit Hornspänen oder Kompost.

SCHNEIDEN Sobald sich die Blüten öffnen. Haltbarkeit in der Vase 7 bis 10 Tage.

MEINE FAVORITEN 'Pax', 'Blue Boy', 'Donau'.

WEITERE ART Der einjährige Phlox *(Phlox drumondii)* ist eine wunderschöne Ergänzung für Schnittblumenbeete.

STERNDOLDE

— *Astrantia major*

Die kleinen, zarten Blütensterne der Sterndolden sind so unvergleichlich hübsch, dass sie aus einem Schnittblumengarten und natürlichen Sträußen nicht wegzudenken sind. Ich habe verschiedene Sorten in Rosa, Weiß und Bordeaux im Garten – sie schmücken ab Ende Mai alle abseitigen, halbschattigen Beete. Astrantien sammle ich beinahe, da es so viele tolle, besondere Sorten gibt. Im Strauß wirken sie leicht, elegant und romantisch und eignen sich perfekt für einen Hochzeitsstrauß. Wegen ihres hübschen Wuchses passt die bis zu 60 cm hohe Sterndolde besonders gut in den Vordergrund von Beeten. Sie mag es gemulcht zu werden, denn so bleibt der Boden länger gleichmäßig feucht.

PFLANZUNG Im Frühjahr oder Herbst.

DÜNGEN Nach dem Austrieb mit Hornspäne oder Kompost.

SCHNEIDEN Sobald die Blüten geöffnet und die Stiele fester sind. Haltbarkeit in der Vase ca. 10 Tage.

MEINE FAVORITEN 'Abbey Road', 'Primadonna', 'Shaggy'.

Englische Rosen

Als ich anfing, mich für das Blumengärtnern zu begeistern, vernachlässigte ich Rosen total. Ich hatte sie abgespeichert als rot, pink oder gelb und ehrlich gesagt etwas angestaubt und langweilig.

Doch dann entdeckte ich bei den englischen Flowerfarmerinnen ganz andere, mir unbekannte Sorten: Sie waren apricot- und elfenbeinfarben oder zuckerwatterosa und dabei dicht gefüllt. Wie Seide rüschten sich die feinen Blütenblätter dicht umeinander, und die Rosen wirkten überbordend, verschwenderisch, wild und nostalgisch. Sie passten perfekt in einen alten, verwunschenen, geheimen Blumengarten, und ich war sofort hin und weg!

DAVID AUSTIN ROSEN

Der bekannteste Züchter dieser alten, englischen Sorten ist David Austin. Seine Rosen sind bei Flowerfarmerinnen auf der ganzen Welt nicht nur deshalb so beliebt, weil sie so unvergleichlich schön sind, sondern auch sehr intensiv duften und vor allem viele Sorten mehrmals im Jahr blühen. David Austin Rosen können nach dem Schnitt nicht über lange Wege transportiert werden, dabei verlieren sie ihren Duft und ihre Standfestigkeit. Es gibt diese besonderen Züchtungen also nur saisonal bei regionalen Blumenbäuerinnen und dadurch automatisch nicht wie konventionell angebaute Rosen aus Afrika zwischen November und April.
Wer David Austin Rosen in seinen Schnittblumengarten pflanzt, kann die wunderschönsten, duftenden Rosen schneiden, die es so in keinem herkömmlichen Blumenladen zu kaufen gibt!

LIEBLINGSPLÄTZE

Die klassische Verkaufsform von Rosen ist „wurzelnackt“, das bedeutet, dass keine Erde mehr an ihren Wurzeln haftet. Man pflanzt sie am besten zwischen Mitte Oktober und Mitte November an einen warmen, vollsonnigen Platz im Garten. Sie lieben es auch, an Mauern oder Wänden zu wachsen, doch luftig sollte der Platz auf alle Fälle sein, denn die Luftzirkulation ist sehr wichtig für gesunde Rosen. Deshalb sollte man sie nicht zu eng pflanzen und auch bei einer Unterpflanzung darauf achten, dass die Rosen nicht zu sehr eingeengt werden, damit Feuchtigkeit auf ihren Blättern schnell abtrocknen kann.

Mein Traum ist ein großer Rosengarten mit Hunderten von Sorten. Jedes Jahr sammle ich einige neue Sorten dazu. Meine drei Favoriten möchte ich dir hier vorstellen …

'QUEEN OF SWEDEN'

Dürfte ich mich nur für eine Rose entscheiden, es wäre 'Queen of Sweden'! Sie sieht nicht nur wunderschön zart und zerbrechlich aus mit ihren zunächst apricotfarbenen und später hellrosa Blüten. Sie wächst auch straff aufrecht auf starken langen Stielen und öffnet ihre Blütenkelche schalenförmig nach oben, wodurch sie toll mit in Sträuße gebunden werden kann. Die stark gefüllten Blüten haben einen Durchmesser von ca. 8 cm. Sie öffnen sich ab Juni fortlaufend bis in den späten Herbst und duften zart nach Myrrhe. Die bis zu ca. 120 cm hohe Züchtung wächst buschig und kann besonders gut als Hecke gepflanzt werden.

'PRINCESS ALEXANDRA OF KENT'

Eine tolle Partnerin für 'Queen of Sweden' ist 'Princess Alexandra of Kent' mit ihrem warmen, leuchtenden Pink. Sie blüht ebenfalls den ganzen Sommer über und wird auch ca. 120 cm hoch. Neben ihrer intensiven Farbe schätze ich an dieser Rose die riesigen Blüten: Bis zu 15 cm werden die dicht gerüschten Blütenkelche groß und verströmen ein zitroniges, frisches Tee-Aroma. Dank des kräftigen Wuchses biegen sich die langen Stiele trotz der handtellergroßen Blüten nicht und bleiben straff aufrecht. Sehr schön finde ich, diese Sorte mit anderen Rosen der gleichen Farbfamilie, zum Beispiel 'Olivia Rose Austin' in Hellrosa, zu kombinieren.

'THE ALNWICK ROSE'

Diese Sorte hat eine ganz besondere Farbgebung: ein sattes, tiefes Rosa, das leuchtet, aber nicht knallig wirkt. Sie wird 120 cm hoch, und ihre Blütenkelche öffnen sich fortlaufend ab Juni bis in den Herbst hinein. Die Blüten sind groß, stark gefüllt, flach und kelchförmig. Dabei bilden die äußeren Blütenblätter eine Schale für die inneren Rüschen. Der Duft ist eher süß, laut dem Züchter David Austin erinnert er an Himbeeren – passend also zur Farbe! Besonders schön finde ich 'The Alnwick Rose' in Kombination mit 'Princess Alexandra of Kent' und 'Queen of Sweden'. Diese unterschiedlichen Rosa-Töne ergänzen sich perfekt und wirken abwechslungsreich und doch harmonisch.

Blütensträucher

Blühende Sträucher wie Flieder, Schneeball oder Jasmin sind für mich der Inbegriff von Frühling. Verschwenderisch öffnen sie ihre großen, überbordenden Blüten und lassen die Luft süß duften.

Wenn man Blumen aus Samen zieht oder auch im Frühjahr eine Staude pflanzt, kann man meist schon im gleichen Jahr viele Stiele schneiden. Doch bei Sträuchern ist das anders: Sie brauchen häufig viele Jahre, bis man sie tatsächlich richtig beschneiden kann. Natürlich kann man die Gehölze schon als sehr große Pflanzen kaufen, doch ein 150 bis 200 cm großer Strauch kostet sehr viel Geld.

Deswegen würde ich dazu raten, blühende Sträucher so früh wie möglich in die Gartenplanung mit einzubeziehen. Sie geben dem Blumengarten Struktur, können Gartenräume trennen und als Sicht- oder Windschutz eingeplant werden.

Im Strauß oder Arrangement dienen sie als Grundgerüst und Füllelement. Ihre Stiele können meist besonders lang geschnitten werden, wodurch sie interessante Akzente setzen. Man kann dazu zum einen die Blüten nutzen, aber auch später im Jahr noch die grünen Stiele und Äste. Ich glaube, man kann gar nicht genug blühende Sträucher und Hecken haben, zum Ernten, Genießen, als Gestaltungselement oder für Insekten als duftendes Buffet.

GEHÖLZE PFLANZEN

Sträucher werden am besten im Herbst gepflanzt, wenn der Boden noch warm vom Sommer ist. So können die Pflanzen gut einwurzeln und sind bereit für den Winter. Im Frühling treiben sie dann aus. Wichtig ist es, auf die Wuchsbreite zu achten, damit die Sträucher sich nach ein paar Jahren nicht zu sehr in die Quere kommen und umgepflanzt werden müssen.

Das Pflanzloch sollte groß sein und der Boden gut durchlässig. Neben einer Wassergabe der jüngeren Sträucher in besonders trockenen Zeiten brauchen die Gehölze keine weitere Pflege und sind an einem geeigneten Standort sehr pflegeleicht.

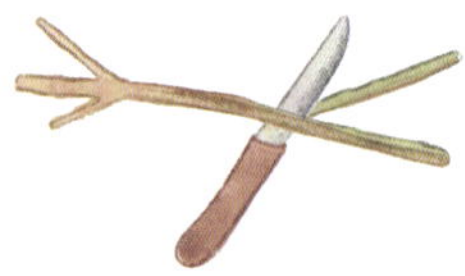

Damit sie nach dem Schnitt Wasser besser aufnehmen können: Die Stiele früh morgens ernten und mit einer scharfen Schere unten längs in zwei Hälften spalten.

BAUERNJASMIN

— *Philadelphus*

Der Bauernjasmin ist dank seiner reinweißen, feinen Blüten ein eleganter und trotz seiner Größe filigraner Strauch. Er wird je nach Sorte bis zu 3 m hoch und 2 m breit. Sein Laub hat eine frische sattgrüne Farbe und er öffnet seine zarten Blüten zwischen Juni und Juli. Dabei verströmt er einen intensiven, aromatischen Duft. Der Pfeifenstrauch, wie der Bauernjasmin auch genannt wird, wächst insgesamt locker buschig, wobei seine Seitentriebe oft ein wenig überhängen. Dadurch erhält er ein weiches, romantisches Aussehen. An Standort und Boden hat das Ziergehölz keine großen Ansprüche. Der Strauch kommt auch mit Trockenheit gut zurecht.

PFLANZUNG Im Herbst.

DÜNGEN Im Frühling eine Schicht Kompost auf die Baumscheibe geben.

SCHNEIDEN Sobald sich die Blüten öffnen. Haltbarkeit in der Vase ca. 7 Tage.

MEINE FAVORITEN 'Schneesturm', 'Virginal'.

FLIEDER

— *Syringa vulgaris*

In meinem Garten gab es nicht einen blühenden Strauch und mein erster Wunsch war ein Edel-Flieder. Ich mag seine langen, vielblumigen Blütenrispen und den süßen, intensiven Duft. Für mich ist er der Inbegriff des Bauerngartens. Edel-Flieder wächst deutlich langsamer als der Sommer- oder Schmetterlingsflieder *(Buddleja)* und kann meist erst ab einer Größe von 150 cm beerntet werden. Mit den Jahren kann *Syringa vulgaris* bis zu 5 m hoch werden und viele Ausläufer bilden. Er mag es besonders gern sonnig und blüht von Mai bis Juni. In einer großen schmalen Vase sieht Flieder auch solo sehr schön aus.

PFLANZUNG Im Herbst.

DÜNGEN Im Frühling eine Schicht Kompost auf die Baumscheibe geben.

SCHNEIDEN Sobald sich die unteren Blüten öffnen. Haltbarkeit in der Vase ca. 7 Tage.

MEINE FAVORITEN 'Mme. Lemoinde', 'Beauty of Moscow', 'Katharine Havemeyer'.

STRÄUCHER

HORTENSIE

— *Hydrangea*

Bei Hortensien muss ich immer an verwitterte kleine Steinhäuser in der Bretagne denken, an deren verfallenen Mauern große Hortensienbüsche in allen Blau- und Rosatönen überbordend blühen. So sehen sie bei mir im Garten leider nicht aus. Doch trotz recht kühler Temperaturen im Winter und einer windigen Lage bluhen sie jedes Jahr zwischen Juli und September. Besonders wohl fühlen sich Hortensien in leicht saurer Erde. Deswegen gebe ich beim Pflanzen spezielle Hortensienerde dazu und mulche sie im Winter mit Rinde und Tannenzweigen.

PFLANZUNG Im Herbst.

DÜNGEN Im Frühling eine Schicht Kompost geben. Für blaue Sorten einen speziellen Hortensiendünger verwenden.

SCHNEIDEN Wenn die Blüten ganz geöffnet sind. Haltbarkeit in der Vase ca. 7 Tage.

MEINE FAVORITEN *Hydrangea paniculata* 'Limelight', *Hydrangea macrophylla* 'Schneeball', *Hydrangea macrophylla* 'Endless Summer'.

SCHNEEBALL

— *Viburnum*

Dieser blühende Strauch macht seinem Namen alle Ehre: Wie dicke, runde Schneebälle sehen seine großen, duftenden Blüten aus, die er im Mai zeigt. Es gibt jedoch über 150 Schneeballarten und darunter sind dann auch rosafarbene wie der Koreanische Schneeball oder grüne wie der Gemeine Schneeball. Auch die Blütenform variiert von kugel- bis tellerförmig. Wer einen großen Garten hat, pflanzt am besten gleich verschiedene Arten und Sorten für einen vielseitigen und abwechslungsreichen Schnitt. Je nach Art kann der Schneeball bis zu 5 m hoch werden – ihm sollte ausreichend Platz eingeräumt werden.

PFLANZUNG Im Herbst.

DÜNGEN Im Frühling eine Schicht Kompost auf die Baumscheibe geben.

SCHNEIDEN Sobald die Blütendolden geöffnet sind. Haltbarkeit in der Vase ca. 7 Tage.

MEINE FAVORITEN *Viburnum opulus* 'Roseum', *Viburnum* 'Eskimo', *Viburnum carlesii* 'Aurora'.

WALDREBE

— *Clematis*

Es gibt ganz verschiedene *Clematis*-Arten und -Sorten mit Blüten in unterschiedlichen Farben und Größen, doch etwas verbindet sie alle: Sie klettern gern und verholzen dabei langsam von unten. Sie werden von Jahr zu Jahr kräftiger und wachsen dabei unterschiedlich schnell und hoch. Die langen Triebe eignen sich sehr gut in einem Strauß oder Arrangement. *Clematis* werden völlig zu Unrecht sehr selten als Schnittblume genutzt. Wichtig ist der Standort: *Clematis* mögen es zwar warm, aber nicht zu sonnig, und vor allem im unteren Bereich bevorzugen sie es kühl. Deswegen sollte ihr „Fuß" zum Beispiel mit einer großen Tonscherbe beschattet werden.

PFLANZUNG Im Frühjahr oder Herbst.

DÜNGEN Im Frühling mit Hornspäne oder Kompost.

SCHNEIDEN Sobald sich die Blüten öffnen. Haltbarkeit in der Vase 7 bis 10 Tage.

MEINE FAVORITEN *Clematis montana* 'Rubens', *Clematis*-Hybride 'Madame Le Coultre'.

ZIERQUITTE

— *Chaenomeles*

Zierquitten sehen im Garten und in der Vase mit ihren leuchtenden, schalenförmigen Blüten traumhaft schön aus. Sie wachsen buschig und bleiben klein: Meistens werden sie nicht höher als 1,50 m und eignen sich daher sehr gut als Hecke. Die Sträucher zeigen ihre schalenförmigen duftenden Blüten in Weiß, Rosa oder Rot schon im März und gehört damit zu den ersten Blütensträuchern im Garten. Damit bieten sie auch Bienen und Hummeln schon sehr früh ein tolles Nektarbuffet. Der tief wurzelnde Strauch ist sehr pflegeleicht und kann in jeden Gartenboden gepflanzt werden. Beim Schneiden sollte man am besten feste Handschuhe anziehen, da die Zweige Dornen tragen. Es gibt allerdings inzwischen auch unbedornte Sorten.

PFLANZUNG Im Herbst.

DÜNGEN Nicht nötig.

SCHNEIDEN Sobald sich die unteren Blüten öffnen. Haltbarkeit in der Vase ca. 7 Tage.

MEINE FAVORITEN 'Pink Lady', 'Jet Trail'.

Frühlingsknollen

Frühlingsblüher sind eine großartige Pflanzengruppe, denn wie der Name schon sagt, blühen sie ausgesprochen früh im Jahr. Nach einem langen, dunklen Winter freue mich ganz besonders über die ersten Farbtupfer im noch recht kargen Blumengarten.

Bereits ab März kann man die ersten Anemonen schneiden. Dann folgen Hyazinthen, Narzissen, frühe Tulpen, Ranunkeln, späte Tulpen und Zier-Lauch. Diese Pflanzgruppe hat eine riesige Auswahl, es gibt Hunderte Sorten. Doch eines haben sie gemeinsam: Frühblüher werden als Zwiebel oder Knolle im Spätsommer oder Herbst gesetzt, überwintern und treiben dann im Frühjahr kräftig aus, um zu blühen.
Wichtig ist bei all diesen Frühblühern, dass sie ihr Laub einziehen müssen, um Kraft fürs folgende Jahr zu sammeln. Das bedeutet, dass beim Schnitt immer die unteren Blätter der Blume stehen bleiben müssen. Diese vergilben dann langsam und ziehen sich in die Erde zurück. Dabei geben sie wichtige Nährstoffe an die Zwiebel ab.

FRÜHLINGSBLÜHER IM GARTEN

Da das gelbliche Laub im Frühsommer nicht so hübsch aussieht, gibt es einige Tricks für die Gestaltung mit Zwiebelblumen. Zum einen können diese Frühblüher an einen Platz gepflanzt werden, wo sonst nicht viel wächst und sie später nicht mehr auffallen. Ich pflanze meine Tulpen und Narzissen zum Beispiel unter meine Apfelbäume. Dort blühen sie wunderschön und werden dann vom höher wachsenden Gras einfach verdeckt. Wichtig: Erst ab Juli mähen.
Oder man pflanzt sie in die Mitte eines Beetes und setzt Dahlienknollen oder Einjährige dicht neben die Zwiebeln, sodass deren Blattmasse das Laub der Frühblüher ab Mai schnell verdeckt.

FRÜHLINGSSTRÄUSSE

Im Strauß oder Arrangement passen Tulpen, Narzissen, Hyazinthen, Ranunkeln und Anemonen sehr schön zu blühenden Zweigen von Kirsche oder Apfel. Auch frühe Stauden lassen sich dazu kombinieren: zum Beispiel Wolfsmilch, Akelei, Minze oder Flieder.

Hyazinthen, Narzissen, Tulpen und Zier-Lauch sind für absolute Anfängerinnen super geeignet: Sie werden im Oktober in die Erde gesetzt und brauchen dann keinerlei Pflege mehr. Ohne unser Zutun blühen sie im Frühling und können geschnitten werden.

HYAZINTHE

— *Hyacinthus orientalis*-Hybriden

Der Name der Hyazinthe geht zurück auf Hyakinthos, der laut der griechischen Mythologie durch seine besondere Schönheit verzaubern konnte. Auch heute noch ziehen Hyazinthen mit ihren sehr großen Blütenrispen im Garten die Blicke auf sich. Wie Hunderte kleiner Sterne sitzen die Blüten am Stiel und duften besonders intensiv, weshalb sie in der französischen Industrie lange zur Duftstoffgewinnung genutzt wurden. Hyazinthen werden bis zu 30 cm hoch und blühen besonders früh – schon ab März. Die großen Blütentrauben werden recht schwer. Man kann sie mit einem kleinen Bambusstab aufbinden.

VORTREIBEN Nicht nötig.

PFLANZUNG Anfang Oktober .

DÜNGEN Etwas Kompost beim Pflanzen.

SCHNEIDEN Sobald sich die unteren Blüten öffnen. Haltbarkeit in der Vase ca. 7 Tage.

MEINE FAVORITEN 'Blue Eyes', 'Pink Surprise', 'Carnegie'.

KRONEN-ANEMONE

— *Anemone coronaria*

Anemonen kannte ich nur aus dem Blumenladen. Dass es möglich ist, diese wunderschönen, ungewöhnlichen Frühblüher mit den handtellergroßen eleganten Blüten selbst im Garten anzubauen, entdeckte ich bei amerikanischen Flowerfarmerinnen. Zwei Dinge sind entscheidend: sehr hochwertige Knollen und Vlies als Winterschutz. Anemonen sind ansonsten relativ anspruchslos und kommen jedes Jahr wieder. Die Knollen werden Mitte August in Anzuchterde vorgetrieben, Anfang Oktober ausgepflanzt und blühen zwischen März und Mai. Anemonen werden ca. 20 bis 30 cm groß.

VORTREIBEN Mitte August.

PFLANZEN: Anfang Oktober.

DÜNGEN Hornspäne und Kompost beim Pflanzen.

SCHNEIDEN Kurz bevor sich die Knospen öffnen. Haltbarkeit in der Vase ca. 7 Tage.

MEINE FAVORITEN 'Mistral® Rarity', 'Mistral® Edge', 'Mistral® Bianco Centro Nero'.

FRÜHLINGSKNOLLEN

NARZISSE

— *Narcissus*

Früher fand ich die gelben, trompetenartigen Narzissenblüten recht langweilig, gewöhnlich und für mich etwas zu knallig. Doch entdeckte ich bei amerikanischen Flowerfarmerinnen, welche Sorten und Farben es noch gab: Rosa, Weiß, gefüllt, Apricot …! Ich war begeistert und habe seitdem eine kleine Sammelleidenschaft für besondere Narzissensorten entwickelt. Sie sehen nämlich nicht nur traumhaft schön aus, sie sind auch unkompliziert, vermehren sich selbst und kommen verlässlich jedes Jahr aufs Neue wieder. Bei mir wachsen sie unter den Apfelbäumen und fühlen sich dort sehr wohl.

VORTREIBEN Nicht nötig.

PFLANZEN Anfang Oktober.

DÜNGEN Etwas Kompost beim Pflanzen und in den Jahren danach beim Austrieb.

SCHNEIDEN Wenn die Knospen noch geschlossen sind, aber sich bereits neigen. Haltbarkeit in der Vase ca. 12 Tage.

MEINE FAVORITEN 'Obdam', 'White Lion', 'Pink Champagner'.

RANUNKEL

— *Ranunculus asiaticus*

Verrückt, dass es möglich ist, diese opulenten, Pfingstrosen ähnelnden Blumen im eigenen Garten anzubauen! Für mich ist es der größte Luxus, im April und Mai einen Arm voll frischer Ranunkeln zu schneiden und ihn mir auf den Küchentisch zu stellen. Auch bei Ranunkeln ist es entscheidend, welche Qualität die Knollen haben. Besonders die italienischen und französischen Züchtungen bringen lange, starke Stiele und große, gefüllte Blütenköpfe hervor. Die Knollen werden Mitte August in Anzuchterde vorgetrieben, Anfang Oktober ausgepflanzt und blühen zwischen März und Mai.

VORTREIBEN Mitte August.

PFLANZEN Anfang Oktober.

DÜNGEN Hornspäne und Kompost beim Pflanzen.

SCHNEIDEN Kurz bevor sich die Knospen öffnen. Haltbarkeit in der Vase ca. 10 Tage.

MEINE FAVORITEN 'Elegance Malva', 'Elegance Pastello', 'Elegance Viola', 'Amandine Salmon'.

TULPE

— *Tulipa*

Wenn ich die ersten Spitzen der Tulpen in meinem Schrebergarten und in den Balkonkästen entdecke, freue ich mich so sehr: Endlich, los geht's, der Frühling ist bald da! Es gibt mittlerweile so viele Sorten und Farben, dass man mit Tulpen wunderbar im Garten gestalten kann: von knalligen Tönen bis hin zu puristischem Weiß, gefüllt, gefranst, früh- (März), mittel- (April) oder spätblühend (Mai). Ich pflanze die Zwiebeln relativ eng, mit nur etwa 2 bis 3 cm Abstand. Das führt dazu, dass die Tulpen schön groß werden und bis zu 50 cm lange Stiele bekommen – perfekt zum Schneiden und Binden von Sträußen.

VORTREIBEN: Nicht nötig.

PFLANZEN: Anfang Oktober.

DÜNGEN Etwas Kompost beim Pflanzen.

SCHNEIDEN Sobald die Knospen Farbe zeigen, aber noch geschlossen sind. Haltbarkeit in der Vase ca. 8 Tage.

MEINE FAVORITEN 'Angelique', 'La Belle Epoque', 'Mount Tacoma', 'Charming Beauty'.

ZIER-LAUCH

— *Allium*

Es gibt knapp 1000 *Allium*-Sorten. Damit ist Zier-Lauch ein tolles Gestaltungselement für den Garten. Eines haben alle gemeinsam: die kugelförmige Blüte, die sich auf dem bis zu 150 cm langen Stiel ohne Verzweigung erhebt. Die meisten Sorten, die sich für den Schnitt eignen, blühen zwischen Mai und Juni und beenden damit die Saison der Frühblüher. Bei den Blütenfarben überwiegen Violetttöne, es gibt aber auch weiße, gelbe, rosafarbene und rote Blütenbälle. Auch die getrockneten Samenstände sehen sehr außergewöhnlich aus.

VORTREIBEN Nicht nötig.

PFLANZEN Anfang Oktober.

DÜNGEN Etwas Kompost beim Pflanzen und in den Jahren danach beim Austrieb.

SCHNEIDEN Wenn ein Drittel der Blüten geöffnet ist. Haltbarkeit in der Vase ca. 10 Tage.

MEINE FAVORITEN 'Purple Sensation', 'Graceful Beauty', 'Mount Everest', 'Globemaster'.

Sommerknollen

Der Lebenszyklus der Sommerknollen verläuft genau entgegengesetzt zu dem der Frühblüher. Sie werden im Frühjahr gepflanzt und im Herbst wieder ausgegraben und eingelagert. Da sie frostempfindlich sind, besteht die Gefahr, dass sie im Winter erfrieren.

Das Tolle an dieser Gruppe: Da man die eigenen Knollen jedes Jahr neu setzt, kann man wunderbar damit gestalten. In einem Jahr möchte ich ein reinweißes Beet, in das ich meine weißen Dahlien und Gladiolen setze. Im nächsten Jahr gestalte ich ein separates Dahlienbeet in den Farben des Regenbogens. Alles ist möglich und es kann immer wieder neu experimentiert werden.

VERMEHRUNG LEICHT GEMACHT

Es ist wie Zauberei: Sommerknollen vermehren sich von ganz allein! Sie bilden über den Sommer hinweg neue Knollen und verdrei- oder vervierfachen damit ihre Größe. Wenn man möchte, kann man sie dann im Herbst oder Frühling mit einer scharfen Schere oder einem Messer teilen. Das bedeutet, dass man aus einer sehr großen Knolle wieder mehrere kleine macht, die sich dann im kommenden Sommer wieder vermehren. So erweitert sich die Dahliensammlung ganz von selbst – herrlich!

VON WEGEN VIEL ARBEIT

Häufig höre ich: „Dahlien und Gladiolen sind ja so schön, aber dieses Ausgraben, Lagern und Einpflanzen ist doch wahnsinnig viel Arbeit!" Viele Gärtnerinnen lassen sich abschrecken und trauen sich nicht an Sommerknollen heran. Dabei liegt ein großes Missverständnis vor, denn eigentlich ist die Sache mit den Dahlien wirklich ganz einfach! Es ist nur zwei Tage im Jahr wirkliche „Arbeit" – einmal beim Einpflanzen Ende April oder Anfang Mai und einmal beim Ausbuddeln nach dem ersten Frost. Dazwischen hält sich die Pflege wirklich in Grenzen: Gießen, wenn es trocken ist, Stützen, wenn die Pflanzen zu groß und schwer werden. Und dafür bekommt man ein sensationelles Blütenfeuerwerk im Spätsommer und Herbst, wenn sonst im Garten nicht mehr viel blüht.
Noch ein Tipp: Sommerknollen beim Austrieb gut vor Schnecken schützen! Am besten mit einem Schneckenkragen oder im separaten Beet mit einem Schneckenzaun.

Selbst im November schneide ich noch üppige Dahliensträuße und träume schon wieder von allen neuen Sorten, die ich im kommenden Blumenjahr ausprobieren möchte.

DAHLIE

— *Dahlia*

Dahlien sind meine unangefochtene Nummer eins im Blumengarten! Sie blühen je nach Pflanzzeit von Juli bis November in allen Farben, Formen und Größen: ob zierlich und offen blühend in Cremeweiß oder kopfhoch mit riesigen Blütenbälle in knalligem Rosa – alles ist möglich. Mit Dahlien kann man jedes Jahr neu gestalten, andere Sorten ausprobieren und neue Kombinationen in der Vase zusammenstellen. Wichtig: schon beim Pflanzen an eine Stütze für die großen, schweren Blüten denken und einen Stab mit einsetzen. Und: Dahlien sollten erst gegossen werden, wenn sie austreiben.

PFLANZUNG Im Frühjahr. Ausgraben im Herbst, frostfrei überwintern.

DÜNGEN Viel: Beim Pflanzen mit Hornspäne oder Kompost düngen.

SCHNEIDEN Sobald sich die Blüten öffnen und an der Rückseite noch knackig sind. Haltbarkeit in der Vase ca. 7 Tage.

MEINE FAVORITEN 'Café Au Lait', 'Totally Tangerine'.

GLADIOLE

— *Gladiolus*

Gladius bedeutet im Lateinischen Schwert, und ebenso geformte lange Blätter hat die Gladiole. Ihre Blütenrispe schmückt sich mit vielen, großen Blüten, die mich an Hibiskus erinnern. Es gibt sie jedoch in einer riesigen Farbauswahl: in Schneeweiß, Sonnengelb, Apricot, Pink, Violett oder Blau. Gladiolen mögen es warm und geschützt. Deswegen ist ein sonniger Platz sehr wichtig. Die Knollen sollten ab Mai doppelt so tief gesetzt werden, wie sie groß sind. Wichtig ist, dass Gladiolen jedes Jahr an einen neuen Standort gepflanzt werden, damit keine Krankheiten die Pflanzen schwächen.

PFLANZUNG Im Frühjahr. Ausgraben im Herbst, frostfrei überwintern.

DÜNGEN Viel: Beim Pflanzen mit Hornspäne oder Kompost düngen.

SCHNEIDEN Sobald sich die unteren Blüten öffnen. Haltbarkeit in der Vase ca. 7 Tage.

MEINE FAVORITEN 'Murmansk', 'Rostov', 'Purple Flora'.

MUSTERBEETE VON FRÜHLING BIS HERBST

Jedes Jahr aufs Neue lehrt mich mein Garten Geduld und vor allem Gelassenheit, wenn beispielsweise das Wetter, Schnecken oder Wühlmäuse meine Planung über den Haufen werfen.

Blumenbeete gestalten

Ein Blumenbeet zu planen, verbindet ganz unterschiedliche Aspekte: Zu Beginn hören wir in uns hinein: Was wünschen wir uns? Was sind unsere Vorlieben und Visionen? Dann dürfen wir kreativ werden, einen Plan zeichnen, Formen und Farben wählen und mit ihnen spielen.

Wir sollten uns mit den gewünschten Pflanzen auskennen: Welche Ansprüche haben sie, was sind ihre Wuchseigenschaften? Und dann brauchen wir Tatkraft, Motivation und Zeit, um unsere Wünsche zu realisieren. Das Anlegen eines Blumenbeetes ist vielseitig und erfüllend, weil wir mit recht wenigen Mitteln und viel Leidenschaft unsere Ideen in die Tat umsetzen können.
Später müssen wir achtsam bleiben, schauen, was fehlt, gießen, beobachten, ob Schnecken im Anmarsch sind oder eine Blume eine Stütze braucht. Wir hegen und pflegen diesen Ort so gut es geht, begleiten ihn durch das Jahr und beobachten die Veränderungen. Und doch müssen wir nach Planung, Anlegen und Pflanzen die Kontrolle ein Stück weit abgeben. Die Natur übernimmt das Ruder und bestimmt, ob unsere sorgfältigen Pläne aufgehen oder über den Haufen geworfen werden. Ein Hagelsturm kann zu Zerstörung führen, monatelange Trockenheit das Wachstum dämmen oder ein bestimmter Schädling bei einer Sorte die Blüten anknabbern. Andere Sorten hingegen gedeihen großartig, und wir sind hin und weg. Es bleibt uns nichts anderes übrig, als die Natur zu akzeptieren – unvorhersehbar, spontan, gnadenlos und wunderbar. Denn ist es nicht auch ein Geschenk, alles so zu nehmen, wie es eben kommt? Nicht alles vorhersehen zu können, zu entscheiden und zu bestimmen? Was der Garten uns lehren kann, ist Gelassenheit, Flexibilität und die Freude an der Überraschung! Es kommt selten genauso wie geplant, und das kann gut sein. Und selbst wenn es sich nicht gut anfühlt, weil zum Beispiel der Rapsglanzkäfer im Juni alle Löwenmäulchen zerfressen hat, kann ich es als Chance begreifen und daraus lernen. Ich säe mittlerweile meine Löwenmäulchen erst im Mai aus. So blühen sie gesund und wunderbar im September, wenn der Rapsglanzkäfer aus meinem Garten wieder verschwunden ist.

KLEINER GARTEN – GROSSE ERNTE

Die eigenen Blumen im Garten schneiden und das von Frühling bis zum Winter – ja, das ist tatsächlich auch mit wenig Platz möglich! Denn mit einer geschickten Planung lassen sich auch in einem kleinen Beet von April bis November die schönsten Blumen ernten. Such dir einfach deine Lieblingsfarbkombination aus und leg direkt los. Dabei sind folgende Prinzipien wichtig.

Du hast etwas mehr Platz im Garten? Kombiniere doch einfach zwei oder drei Beete miteinander und ergänze sie durch öfter blühende Rosen und Blütensträucher wie Bauernjasmin oder Flieder! Oder aber du verdoppelst eine Beetplanung und machst aus zwei Metern einfach vier.

Durch eine Herbst-Aussaat von Feldrittersporn blüht dieser bereits gemeinsam mit Mohn ab Anfang Mai.

Der Mix macht's

Stauden werden mit Einjährigen, Dahlien und Frühblühern gemischt. Stauden blühen meist nur für einige Wochen, haben aber oft große Blüten und bringen somit Harmonie und Ruhe in das Beet und die Sträuße. Einjährige sät man zu unterschiedlichen Zeitpunkten aus. So ist eine besonders lange Blüte garantiert. Dahlienknollen können wunderbar zwischen die Stauden gesetzt werden und überdecken so, je nach Pflanzzeit im Sommer oder im Herbst, das verblühte Laub. Im Juli sollten die Dahlien bei einer Größe von ca. 30 cm pinziert werden (siehe S. 108). Die Dahlien werden nach den ersten Frösten ausgegraben und frostfrei überwintert. Nur in milden Lagen können die Knollen auch im Beet bleiben. Frühblüher werden bereits im Herbst gepflanzt und liefern so schon ab Ende März die ersten kleinen Sträuße. Das verwelkte Laub von Tulpen und Narzissen wird dann ab Mai von den Einjährigen verdeckt.

Versetzte Blüte

Es sollten immer mehrere Blumen zur gleichen Zeit blühen. Mit einer geschickten Planung wird verhindert, dass das Beet im Juni in voller Blüte steht, aber im Juli schon trist wirkt. Hier sind vor allem die Einjährigen wichtig: Sie werden zu unterschiedlichen Zeiten ausgesät, so blühen sie auch in verschiedenen Monaten. Grundsätzlich ist es wichtig, dass die Blumen, die im März und Mai ausgesät werden, zu kräftigen, 15 bis 20 cm großen Pflanzen herangewachsen sein müssen, bevor sie zwischen die Frühblüher und Stauden ausgepflanzt werden. Die kleinen Blumen müssen sich von Anfang an gegen die anderen, teilweise schon höheren oder bereits verblühenden Pflanzen behaupten und brauchen eine gewisse Größe, um ausreichend Licht und Luft zu bekommen. Dafür setzt man sie bei einer Größe von ca. 5 cm in Töpfe mit ca. 7 cm Durchmesser, damit sie genug Platz für ihre Wurzeln haben. Die Töpfe werden mit einer Mischung aus Anzuchterde und Kompost gefüllt. Wicken, Kosmen und Zinnien werden noch in den Töpfen pinziert, bevor sie ins Beet wandern.

Klein, aber oho

Bei einer kleinen Beetgröße muss auf Rosen und blühende Sträucher verzichtet werden. Sie würden schnell das gesamte Beet in Beschlag nehmen und alle anderen Blumen verdrängen. Hat man mehr Platz, sind sie natürlich eine wunderbare Ergänzung. Vor allem öfter blühende Strauchrosen bringen von Juni bis November zusätzlich Farbe ins Beet.

Schneiden und Binden

Der Schwerpunkt bei kleinen Schnittblumenbeeten liegt, wie der Name schon sagt, auf dem Schneiden von vielen Blumen für tolle Sträuße und Kränze. Deswegen wird auf andere Klassiker der Beetgestaltung bewusst verzichtet, zum Beispiel auf immergrüne Sträucher, Blattstauden oder kleine Gehölze, die auch im Winter hübsch aussehen.

In der Ruhe liegt die Kraft oder weniger ist mehr

Ein Beet wirkt schnell unruhig und durcheinander, wenn man versucht, alle seine Lieblingsblumen unterzubringen. Vor allem, wenn das Beet klein ist. Das zeigt sich dann später auch in den Sträußen. Deswegen sollten es zum einen nicht zu viele unterschiedliche Blumen sein, sondern lieber mehrere von einer Sorte. Zum anderen bringt die richtige Farbgestaltung zusätzlich Harmonie ins Beet. Dabei bietet es sich an, für ein Beet in einer Farbfamilie zu bleiben, zum Beispiel Apricot- oder Beerentöne zu wählen, ganz in Weiß zu gestalten oder sich nur für wenige gegensätzliche Farben zu entscheiden.

Here comes the sun

Üppige Blüten in so großer Vielzahl brauchen Sonne! Das Beet kommt auch mit ein bisschen Schatten am Vor- oder Nachmittag zurecht, aber es sollte mindestens sechs Stunden im Sommer in der Sonne liegen. Nur so können die Blumen groß und kräftig werden und viele Blüten bilden. Wie in jedem Beet sollten hohe Pflanzen nach hinten und niedrigere nach vorne gesetzt werden.
Alle Pflanzen freuen sich während des Wachsens und Blühens über eine Blattdüngung mit Brennnesseljauche. Beikräuter solltest du regelmäßig entfernen.

Die Zeiten ändern sich ...

Am Anfang sind die neu gepflanzten Stauden noch klein, und es können viele Einjährige drumherum gesetzt werden. Mit den Jahren werden die Stauden immer größer, bringen mehr Blüten und Ruhe. Wenn sie nach vier bis fünf Jahren zu raumeinnehmend geworden sind, kannst du sie teilen und an anderer Stelle im Garten wieder einpflanzen.

Blumen, die sich trocknen lassen wie Strandflieder, bereiten im Sommer und Winter eine große Freude.

Buntes Blütenmeer

Das Besondere bei diesem Beet vorweg: Es gibt keine Stauden! Dieses 2 × 1,5 m große Beet ist eine Mischung aus farbenfrohen Dahlien, Frühblühern und vor allem ganz vielen Blumen aus Samen. Dadurch blüht es besonders intensiv und lange und kann jedes Jahr aufs Neue verändert werden.

Bunt ist ja eigentlich nicht so mein Ding, dachte ich ... Doch ist bunt ja nicht gleich bunt und hängt ganz vom Farbspektrum ab. Ich habe mich bei der Auswahl für etwas sanftere Töne entschieden, mit kräftigen Highlights. Wer es durch und durch intensiv und etwas knalliger mag, kann die Dahlie 'Sneezy' gegen 'Dahlegria Tricolore' in Rottönen tauschen oder sich beim Feldrittersporn für die kräftige, dunkle Sorte 'Lilac Spire' entscheiden. Auch bei Narzissen ist ein kräftig leuchtendes Gelb möglich.
Das ist ja das Schöne an Zwiebeln, Knollen und Samen: Sie können einfach ausprobiert und jedes Jahr aufs Neue ausgetauscht werden.
Nachdem das Beet im Spätsommer angelegt wurde, beginnt die Pflanzung gleich im September mit dem Feldrittersporn, der als Coolflower im Beet überwintert und Gesellschaft bekommt von den Zweijährigen: Nachtviole und *Rudbeckia hirta*. Im Oktober gesellen sich dann die Zwiebeln von Tulpen und Narzissen unterirdisch hinzu. Im zeitigen Frühling geht es dann richtig los mit Anzucht, Pflege und der ersten Ernte.

Gib bei **Dahlien** etwas Kompost und Hornspäne mit ins Pflanzloch und schlage beim Pflanzen direkt einen Stützstab ein.

EINKAUFSLISTE

SAMEN

1. Duft-Wicke 'Black Knight', *Lathyrus odoratus*
2. Feldrittersporn 'Blue Bell', *Consolida ajacis*
3. Kosmee 'Rubenza', *Cosmos bipinnatus*
4. Nachtviole 'Nuance', *Hesperis matronalis*
5. Einjähriger Phlox 'Sugar Stars', *Phlox drummondii*
6. Rauer Sonnenhut 'Prairie Sun', *Rudbeckia hirta*
7. Sommeraster 'Duchess Rose', *Callistephus chinensis*
8. Zinnie 'Zinderella Lilac', *Zinnia elegans*

ZWIEBELN UND KNOLLEN

9. 2 × Dahlie 'Monet Glory', *Dahlia*
10. 3 × Dahlie 'Sneezy', *Dahlia*
11. 10 × Narzisse 'Popeye', *Narcissus*
12. 20 × Tulpe 'Frühblühende Murillo-Mischung', *Tulipa*

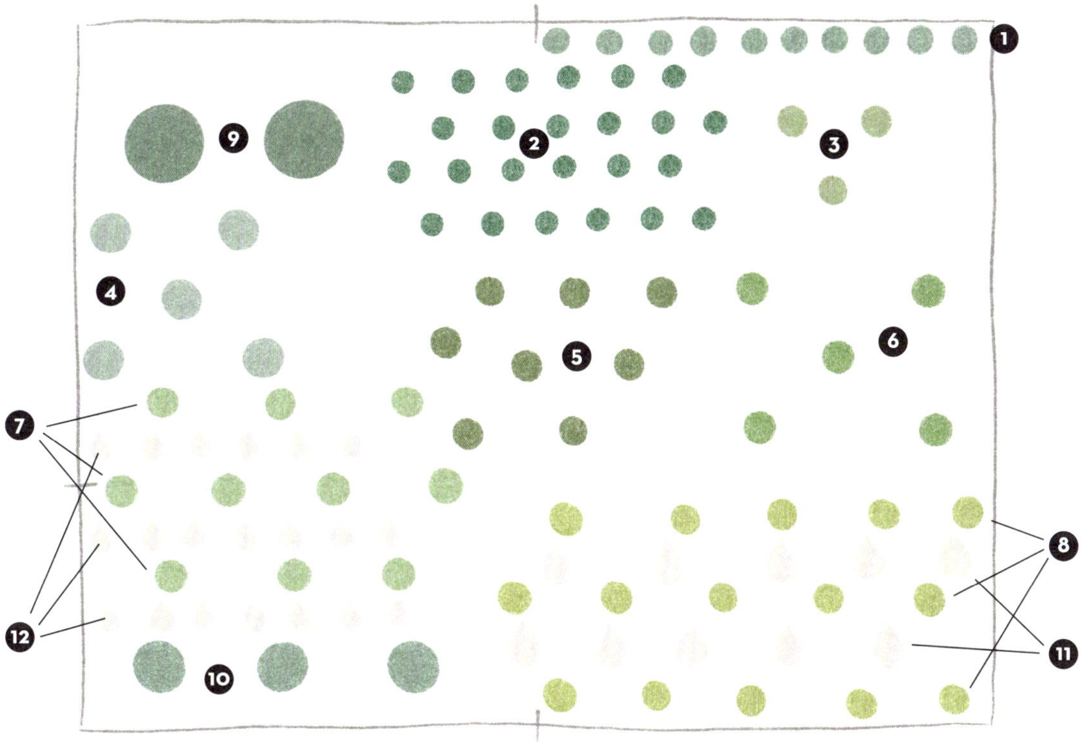

Wicken und Feldrittersporn benötigen deutlich weniger Abstand als Kosmeen, Nachtviolen oder Zinnien.

DER PFLANZPLAN

Für diese Bepflanzungsidee sollte das Beet spätestens Ende August fertig vorbereitet sein, bevor im September Nachtviolen, Feldrittersporn und Rauer Sonnenhut ins Beet ziehen.

Aussaat- und Pflanzzeitpunkte

Vorjahr Juni: Anzucht der Zweijährigen - Nachtviole 'Nuance' und Rudbeckie 'Prairie Sun' – in kleinen Töpfen direkt draußen auf dem Balkon oder im Garten. Töpfe in den Halbschatten stellen.
Vorjahr August: Anzucht des Feldrittersporns (Coolflowers), am besten als Direktsaat in ein Hochbeet oder einen Kübel.
Vorjahr Oktober: Setzen der Tulpen und Narzissen. Umpflanzen des vorgezogenen Feldrittersporns ins endgültige Beet.
Anfang März: Anzucht von Wicken und Phlox in hohen Töpfen, da Wicken sehr gern schnell und tief wurzeln. Bei einer Größe von ca. 20 cm sollten die Pflanzen pinziert werden.
Mitte März: Anzucht der Sommeraster in kleinen Töpfen oder einer Multitopfplatte am hellen Fensterbrett.
Anfang Mai: Anzucht von Kosmeen und Zinnien, in Töpfen mit 7 cm Durchmesser. Die Töpfe können ab Mitte Mai draußen stehen. Pflanzung von Wicken und Phlox.
Mitte Mai: Setzen der Dahlienknollen. Beim Einpflanzen der Knollen eine Handvoll Kompost und etwas Hornmehl mit einarbeiten, nicht angießen! Pflanzung der vorgezogenen Arten.
Mitte Juni: Kosmeen ins Beet pflanzen.
Ende Juni: Pflanzen der Zinnien.

Neu gepflanzte **Setzlinge** bei Trockenheit täglich gießen.

FRÜHLING

Der Frühling ist endlich da, und mit ihm erwacht das farbenfrohe Beet stimmungsvoll in sanften Tönen, gepaart mit knalligen Akzenten. Die Narzissen machen den Auftakt ab Ende März. 'Popeye' ist eine besonders lange blühende Sorte. Ab April gesellen sich die Tulpen hinzu und bringen Farbe ins Beet. Ende April zeigt sich die Nachtviole in sanftem Lavendel und lockt Insekten an. Den Abschluss bildet Ende Mai der Feldrittersporn mit seinen zahlreichen hellblauen Blüten.

In **windigeren Regionen** tut es dem Feldrittersporn gut, an einen Stock gebunden zu werden, um so mehr Halt zu finden.

Was ist zu tun?

Mitte Mai können die vorgezogenen kräftigen Wicken und der Phlox endlich ins Beet wandern. Mitte Mai folgt dann die Sommeraster, die zwischen die Reihen der verblühten Tulpen gesetzt wird. Schneide das Laub von Tulpen und Narzissen nicht ab, die Zwiebeln brauchen die Kraft fürs nächste Jahr. Die Sommerastern werden die gelben Blätter schnell verdecken.

Während die Rudbeckie versteckt hinter den Narzissen ihr buschiges, haariges Laub bildet, klettert die Wicke schon Stück für Stück das Gerüst empor. Phlox für eine kräftige Pflanze ruhig zweimal pinzieren. Wichtig ist es, ab Ende Mai den Austrieb der Dahlien im Blick zu haben, da die zarten Blättchen gern von Schnecken gefressen werden. Hier hilft ein Schneckenkragen.

Der Schnitt der ersten Blumen

Die Narzissen sind sehr einfach zu schneiden, sie haben einen langen Stiel. Die Tulpen sind nicht sehr groß, da sie früh blühen und gefüllt sind. Möchte man lange Stiele, kann man die Tulpen auch samt Zwiebel ernten. Dadurch entfällt natürlich eine Blüte im nächsten Jahr, aber man hat sehr früh im Jahr besonders langstielige und dicht gefüllte Tulpen. Nachtviolen können Ende April, Anfang Mai geerntet werden, Feldrittersporn ab Ende Mai – immer abhängig von Wetter und Region.

Die sanften Töne von Nachtviole, Feldrittersporn und Narzissen kontrastieren mit den leuchtenden Farben der Tulpen.

In den Sommermonaten wirkt das Beet durch die dunkelrot blühende Wicke kräftig und satt.

SOMMER

Mit der Intensität des Sommers werden auch die Farben im Beet langsam kräftiger. Die Sommeraster öffnet Ende Juni ihre dicht gefüllten, päonienartigen Blüten – in sanftem Rosa, doch die üppige Wicke bringt bereits ab Anfang Juni mit ihren vielen kleinen bordeauxroten Blüten richtig Farbe ins Spiel und sorgt damit für einen tollen Kontrast. Die Kosmeen wachsen schnell und können bereits Mitte Juni als große, bereits pinzierte Pflanzen ins Beet gepflanzt werden. Dadurch zeigen sie ihre ersten rosaroten Blüten ab Juli. Davor startet Mitte Juli die Rudbeckie in leuchtend sattem Gelb richtig durch und besticht zudem nach wie vor mit ihrem hübschen Laub. Das rauchige Blau des Phlox mildert die Wucht der Farben wieder ein bisschen ab und bildet eine zurückhaltende Mitte. Sowohl die hohe Dahlie 'Monet Glory' als auch ihre kleine Schwester 'Sneezy' entwickeln bereits erste dicke Knospen und bereiten sich auf ihre große Show vor.

Was ist zu tun?

Die langen Triebe der Wicke sollten alle 30 cm einmal extra mit einer rundlaufenden Schnur gefestigt werden. Da Phlox zum Kriechen neigt, ist es gut, ihn an kleinen Stäben aufzubinden.
Die Zinniensetzlinge dürfen Ende Juni vor die Rudbeckie gepflanzt werden, das Laub der Narzissen ist mittlerweile eingezogen. Zinnien und Kosmeen solltest du vor Schnecken schützen. Bei Trockenheit ist das Beet einmal wöchentlich durchdringend zu wässern. Im Juni an die Aussaat der Zweijährigen fürs Folgejahr denken!

Sommersträuße

Kosmeen, Rudbeckien und Wicken gehören zu der Kategorie „Cut and come again“ – sie entwickeln umso mehr Blüten, je mehr sie beschnitten werden. Hier darf also wirklich viel und tief geschnitten werden. Phlox und Sommerastern sind „Medium Producer“, sie bringen mehrere Stiele hervor.

PHLOX
'Sugar Stars'
SOMMERASTER
'Duchess Rose'

HERBST

Ab September kommt das Beet ein wenig zur Ruhe – die Abende werden frischer, die Tage kürzer und das Tempo wird langsamer. Und trotzdem steht es durch unsere geschickte Planung natürlich noch in voller Blüte. Denn endlich ist es so weit: Die Dahlien zeigen sich im September in voller Schönheit und strahlen um die Wette. Astern, Kosmeen und Rudbeckien sorgen dank ihrer langen Blütezeit weiterhin für bunte Farben, und die hübsche, puschelige Zinnie leuchtet in sattem Rosapink.

Pflegetipps

Sobald sich die Blüten der Dahlie 'Monet Glory' öffnen, sollten die Stiele am Stab festgebunden werden, damit sie unter der Last nicht abknicken.
Die verblühten Samenstände von Wicken, Nachtviole, Rudbeckie und Feldrittersporn können stehen gelassen werden – mit etwas Glück versamen sie sich und wandern in den kommenden Jahren selbstständig durch das Beet. Wer lieber geplant vorgeht, sammelt die Samen ab und zieht sie zu den empfohlenen Zeitpunkten vor. Du kannst die gesammelten Samen auch in kleine Tütchen stecken und verschenken.
Bei den Farben kann es in den kommenden Jahren jedoch immer wieder zu Überraschungen kommen. Wer auf Nummer sicher gehen möchte, kauft das Saatgut erneut in der jeweiligen reinen Farbzüchtung.
Möchte man das Beet im kommenden Jahr wieder in der gleichen Farbgestaltung, ist es an der Zeit, noch einmal die gleichen Tulpen zu setzen, sofern man sie mit Zwiebel geerntet hat. Wenn das Laub der Narzissen in Ruhe einziehen konnte. werden sie Jahr für Jahr erneut austreiben und sich sogar vermehren.

Denk dran: Die Anzucht der **Coolflowers** fürs nächste Jahr steht an!

Im Herbst dominieren die Dahlien das bunte Beet.

Romantisches Beet in Blau-Weiß-Rosa

Das sind für mich die Farben eines romantischen Cottage Gartens. Sanft und kräftig zugleich ergänzen sie sich perfekt, wirken harmonisch und bestärken sich in ihrer Wirkung gegenseitig.

Wer es noch sanfter und pastelliger mag, ersetzt das kräftige Blau der Kornblume 'Blue Boy' gegen 'Rosy Day' in hellem Rosa, pflanzt statt der dunklen Scheinakelei die Sorte 'Nora Barlow' in Rosa-Weiß und wählt beim Rittersporn die Züchtung 'Gletscherwasser' in hellem Lichtblau.
In diesem 2 × 1,5 m großen Beet werden Stauden, Blumen aus Samen, Dahlien und Frühblüher kombiniert. Die Stauden brauchen etwa zwei Jahre, bis sie üppig und gut zu beernten sind. Die Pfingstrose sogar drei Jahre. Hier ist also Weitsicht gefragt. Doch durch die vielen Blumen aus Samen, Dahlien, Narzissen und Tulpen steht einer Ernte im ersten Jahr nichts im Wege. So können diese Blumen in den folgenden Jahren neu kombiniert, getauscht oder ersetzt werden.

AUSSAAT- UND PFLANZ-ZEITPUNKTE

Vorjahr Juni: Anzucht des zweijährigen Fingerhuts in kleinen Töpfen direkt draußen auf dem Balkon oder im Garten. Töpfe in den Halbschatten stellen.
Vorjahr August:
– Anzucht der Coolfowers, Kornblume und *Orlaya*, am besten als Direktsaat in das bereits vorbereitete Beet oder in ein Hochbeet.
– Pflanzen des Fingerhuts

EINKAUFSLISTE

STAUDEN

❶ 1 × Pfingstrose 'Sarah Bernardt', *Paeonia lactiflora*

❷ 1 × Rittersporn 'Summer Skies', *Delphinium × cultorum*

❸ 2 × Scheinakelei 'Plena Blue Barlow', *Semiaquilegia × cultorum*

SAMEN

❹ Duft-Wicke 'Rose Shadow', *Lathyrus odoratus*

❺ Fingerhut 'Alba', *Digitalis purpurea*

❻ Kornblume 'Blue Boy', *Centaurea cyanus*

❼ Kosmee 'Capriola', *Cosmos bipinnatus*

❽ Löwenmäulchen 'Snowflake', *Anthirrinum majus*

❾ Strahlen-Breitsame, *Orlaya grandiflora*

ZWIEBELN UND KNOLLEN

❿ 1 × Dahlie 'Sweet Love', *Dahlia*

⓫ 3 × Dahlie 'Aspen', *Dahlia*

⓬ je 15 × Narzisse 'Obdam' und 'Replete', *Narcissus*

⓭ je 12 × Tulpe 'Foxtrott' und 'Rosy Daimond', *Tulipa*

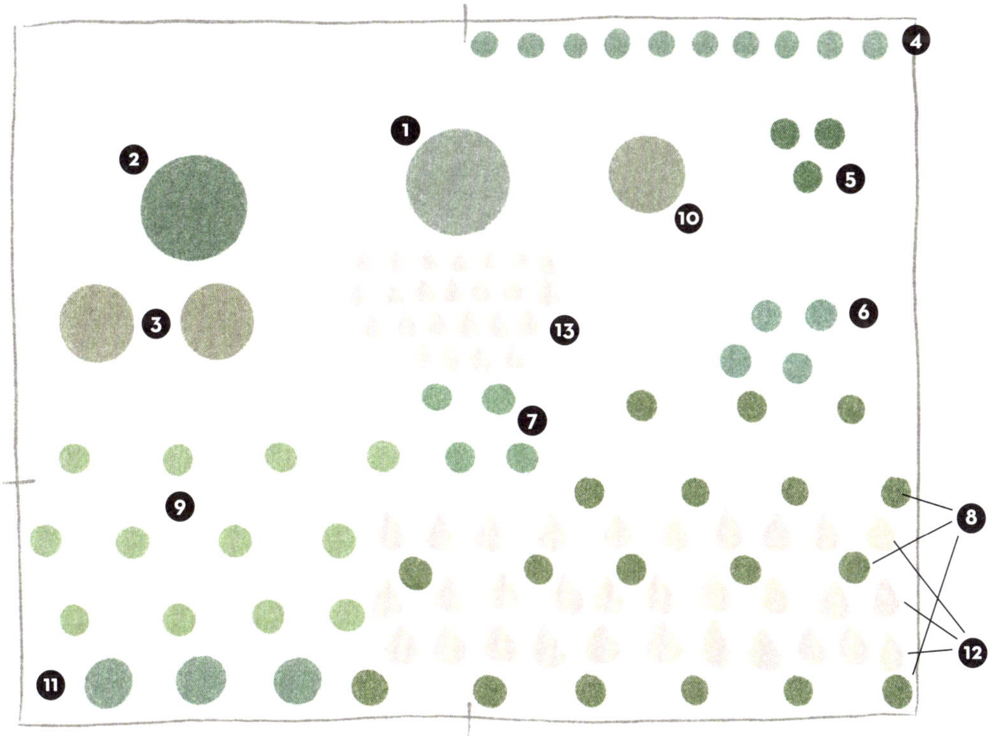

Narzissen brauchen mehr Abstand als Tulpen, da sie sich über die Jahre vermehren und mehr Platz brauchen.

Vorjahr Oktober:

– Setzen der Tulpen und Narzissen.

– Pflanzen der Pfingstrose als Wurzelware. Das Wurzelstück nur ca. 2 cm tief setzen, sodass die Augen nach oben zeigen.

– Pflanzen der Stauden, Rittersporn und Scheinakelei, dabei etwas Kompost miteinarbeiten. Alternativ kann auch erst Anfang April gepflanzt werden.

– Umpflanzen der kleinen Coolflowers ins Beet.

Anfang März: Anzucht der Wicke in hohen Töpfen, da Wicken sehr gern schnell und tief wurzeln. Bei einer Größe von ca. 20 cm pinzieren.

Mitte März: Anzucht der Löwenmäulchen in kleinen Töpfen oder Multitopfplatte am hellen Fensterbrett. Sobald sie 20 cm groß sind, werden sie pinziert.

Ende April: Die kräftigen und bereits pinzierten Wickensetzlinge in einem Abstand von 10 cm ans Gerüst setzen.

Anfang Mai:

– Löwenmäulchen auspflanzen.

– Anzucht der Kosmeen in Töpfen mit 7 cm Durchmesser. Die Töpfe können ab Mitte Mai draußen stehen.

Mitte Mai: Setzen der Dahlienknollen. Beim Einpflanzen der Knollen eine Handvoll Kompost und etwas Hornmehl mit einarbeiten, nicht angießen! Beim Austrieb auf Schnecken achten, notfalls einen Schneckenkragen setzen.

Mitte Juni: Kosmeen ins Beet auspflanzen.

Das dunkle Blau der Kornblumen bildet im Frühling einen schönen Hintergrund für die hellgelben Narzissen.

Die sanften Rosatöne von Duftwicke und Kosmee werden im Sommer eingerahmt durch das kräftige Blau des Rittersporns und der Kornblumen.

FRÜHLING

Im Frühling hat dieses Beet seine größte Strahlkraft – genau richtig nach einem langen, dunklen Winter! Den Auftakt machen die Frühblüher: Narzissen und Tulpen leuchten im April, und vor allem die Tulpe 'Rosy Daimond' bringt Farbe in die noch kurzen Tage. Im Strauß sieht sie auch in Kombination mit den Narzissen 'Obdam' und 'Replete' sowie der sanfteren Tulpe 'Foxtrott' super frisch aus.
Als Nächstes öffnet die dunkle Scheinakelei ihre kleinen, aber unzähligen Blüten, die wie Glöckchen über dem Beet schweben, dicht gefolgt von der überwinterten *Orlaya*, die ab Anfang Mai bereits ihre strahlend weißen Blütendolden öffnet. Mit dem Schnitt sollte man warten, bis die Pflanzen Mitte Mai richtig üppig erblühen, damit sie in der Vase gut halten.

Pflege und Pflanzung

Die kompakten und pinzierten Löwenmäulchen werden Anfang Mai zwischen und vor das verblühte Laub der Narzissen gesetzt, wodurch dieses kaschiert wird.
Nun traut sich auch die knallige Kornblume und zeigt ihr unvergleichliches Blau. Sie blüht von Ende Mai bis Ende Juni unermüdlich und darf reichlich beschnitten werden.
Last but not least hat die Pfingstrose Anfang Mai endlich ihren großen Auftritt! 'Sarah Bernardt' ist ein Klassiker und verzaubert mit ihren pastellig rosafarbenen Blüten, die dicht gefüllt sind und zart duften. Verblühtes sollte unbedingt geschnitten werden, damit die Kraft in die Pflanze und nicht in die Samenbildung geht.

SOMMER

Wenn es im Sommer richtig heiß wird, sorgt dieses Beet optisch für eine Abkühlung. Die hellen Rosatöne, in Kombination mit dem klaren Weiß und dem intensiven Blau, wirken sanft und frisch zugleich.
Die Kornblume blüht auch im Juni noch kräftig weiter und kann laufend geschnitten werden. Wenn man möchte, dass sie sich versamt oder man selbst Samen sammeln will, sollte man einige Blüten stehen lassen.
In einem ähnlich leuchtenden Blau zeigt sich der Rittersporn 'Summer Skies' ab Anfang Juni mit seinen imposanten Blütenrispen. Schneidet man ihn nach der Blüte zurück, treibt er erneut aus für eine kleinere Blüte im Herbst. Passend dazu öffnen sich endlich auch die vielen kleinen Blüten der Wicke 'Rose Shadow'. Wicken dürfen auch gern großzügig geschnitten werden. Nicht nur der Stiel, sondern ruhig mal eine längere Ranke abschneiden und in die Vase stellen – sieht toll aus!
Die erst Mitte Juni ausgepflanzten Kosmeen wachsen schnell und zeigen im August erste, große Blüten.
Das Anfang Mai ausgepflanzte Löwenmäulchen 'Snowflake' hingegen steht jetzt im Sommer in voller Blüte und kann ab Mitte Juli bis zu den ersten Frösten hin laufend geschnitten werden. Wichtig ist dabei, die Schere tief über einer Blattachsel anzusetzen, damit sich neue, lange Stiele entwickeln können.
Orlaya und Akelei versamen sich gern selbst. Man sollte sie aus diesem Grund möglichst stehen lassen. Das vergilbende Laub wird rasch von der Dahlie 'Aspen' verdeckt.

Mit etwas Glück treibt der Rittersporn im Herbst ein zweites Mal aus und bildet einen leuchtenden Kontrast zur Dahlie 'Aspen' und den weißen Löwenmäulchen.

HERBST

Der Sommer ist vorbeigerauscht und mit dem Herbst kommt die Zeit des Innehaltens und Beobachtens: Was hat sich im Beet getan? Wie haben sich die Pflanzen entwickelt?

Eine große Neuigkeit sind ab August auf jeden Fall die Dahlien! 'Sweet Love' gehört zu meinen absoluten Favoriten, da sie wunderbar starke, lange Stiele hat und aufrecht blüht, also nicht überhängend. Damit lassen sich die Blumen besonders gut schneiden und in Sträuße einbinden. Die großen Blütenbälle der eher kleinen Dahlie 'Aspen' sind locker, luftig und leicht gedreht – etwas ganz Besonderes!

Für einen nahtlosen Übergang von Sommer zu Herbst sorgen Kosmeen und Löwenmäulchen. Während *Cosmos* 'Capriola' ab August erst so richtig Fahrt aufnimmt, bleibt die Blüte des Löwenmäulchens 'Snowflake' unverändert üppig. Unser alter Bekannter, der Rittersporn, gesellt sich ein zweites Mal hinzu. Zwar nun etwas zurückhaltender und kleiner als noch im Frühling, aber doch unverändert leuchtend schön.

Saisonende

Der erste Frost im Spätherbst sorgt für ein Ende der üppigen Pracht. Das Grün der Dahlien darf nun abgeschnitten und die Knollen dürfen ausgebuddelt werden und ihr frostfreies Winterlager beziehen. Kosmeen und Wicken bleiben einfach, wo sie sind, und schützen mit ihrem Laub die Erde im Winter. Nur die Löwenmäulchen blühen vielleicht noch ein wenig länger und machen so ihrem Namen 'Snowflake' alle Ehre.

Was hat geklappt und was nicht so gut? Und woran lag es? Nun ist Zeit für eine **Bestandsaufnahme** und natürlich nicht vergessen: alles notieren!

LÖWENMÄULCHEN
'Snowflake'
DAHLIE
'Sweet Love'
KOSMEE
'Capriola'

Ton in Ton: Apricot

Die Farbe Apricot ist vor allem in den letzten Jahren sehr beliebt geworden – und ich bin auch ein großer Fan von ihr! Das weite Farbspektrum von hellem Orange über sattes Rosarot bis hin zu leuchtenden Lachstönen ist so abwechslungsreich, stimmungsvoll, frisch und harmonisch.

Bei der Beetplanung (2 × 1,5 m) habe ich versucht, alle Schattierungen der Farbfamilie „Apricot" miteinander zu kombinieren, damit es nicht zu eintönig wird. Auch hier lässt sich natürlich jede Sorte durch eine andere ersetzen, doch bei Pfingstrosen, Strandflieder oder Fingerhut ist es gar nicht so einfach, eine passende andere Farbe zu finden. Eine tolle Option ist, apricotfarbene Arten durch weiße Tulpen, Wicken und Zinnien zu ersetzen. Dadurch wirkt das Beet noch frischer.

AUSSAAT- UND PFLANZZEITPUNKTE

Vorjahr Juni: Anzucht des zweijährigen Fingerhuts in kleinen Töpfen direkt draußen auf dem Balkon oder im Garten. Töpfe in den Halbschatten stellen.
Vorjahr August: Auspflanzen des Fingerhuts
Vorjahr Oktober:
– Setzen von Tulpen und Narzissen.
– Pflanzen der Pfingstrose als Wurzelware. Das Wurzelstück nur ca. 2 cm tief setzen, sodass die Augen nach oben zeigen.
– Pflanzen der Lupinen, dabei etwas Kompost miteinarbeiten. Alternativ kann auch erst Anfang April gepflanzt werden.
Mitte Januar: Anzucht der Levkojen in kleinen Töpfen oder Multitopfplatte. Nach

EINKAUFSLISTE

STAUDEN

❶ 1 × Pfingstrose 'Etched Salmon', *Paeonia*-Hybride
❷ 2 × Lupine 'Salmon Star', *Lupinus polyphyllus*

SAMEN

❸ Duft-Wicke 'Princess Elisabeth', *Lathyrus odoratus*
❹ Fingerhut 'Apricot', *Digitalis purpurea*
❺ Levkoje 'Apricot', *Matthiola incana*
❻ Strandflieder 'Apricot Desire', *Limonium sinuatum*
❼ Strohblume 'Salmon', *Bracteantha bracteata*
❽ Zinnie 'Senorita Pink', *Zinnia elegans*

ZWIEBELN UND KNOLLEN

❾ 2 × Dahlie 'Breakout', *Dahlia*
❿ 2 × Dahlie 'Dr. P. H. Riedell', *Dahlia*
⓫ 3 × Dahlie 'Totally Tangerine', *Dahlia*
⓬ 25 × Narzisse 'Apricot Whirl', *Narcissus*
⓭ 40 × Tulpe 'Copper Image', *Tulipa*
⓮ 30 × Tulpe 'Apricot Impression', *Tulipa*

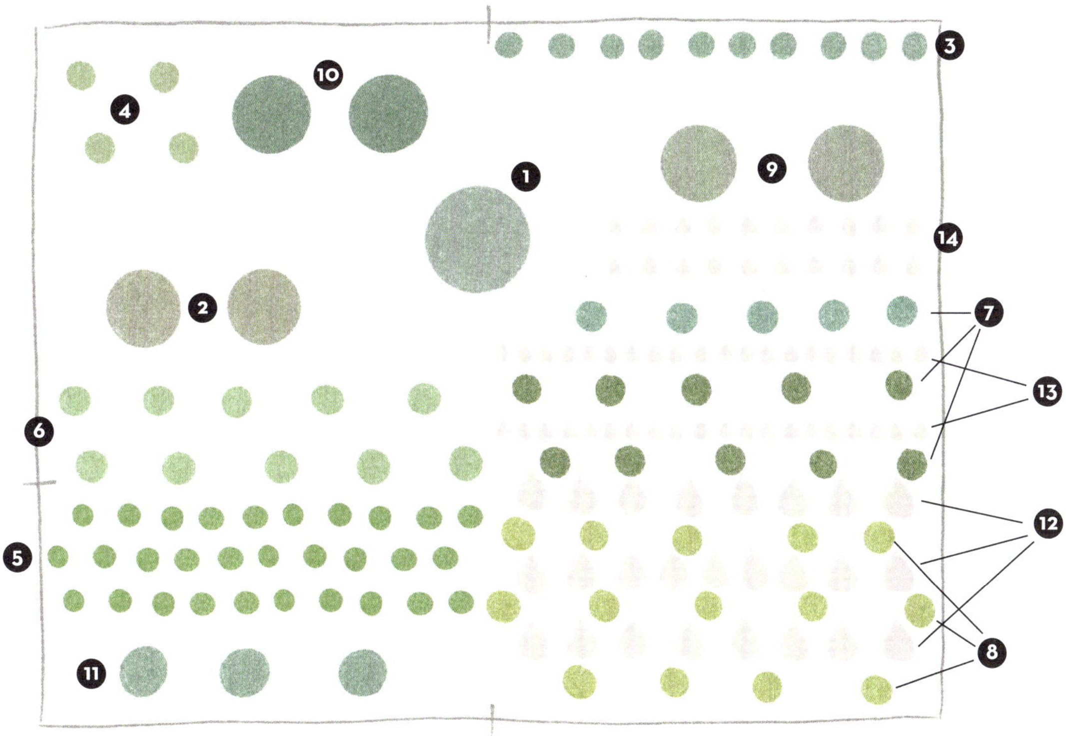

Im Apricot-Beet werden besonders viele Frühblüher gepflanzt.

der Keimung tagsüber rausstellen und nachts reinholen. Bei dieser frühen Anzucht sind vier Stunden künstliches Licht zusätzlich nötig.
Anfang März: Anzucht der Wicken in hohen Töpfen, da Wicken sehr gern schnell und tief wurzeln. Bei einer Größe von ca. 20 cm pinzieren.
Mitte März: Anzucht des Strandflieders in kleinen Töpfen oder Multitopfplatte am hellen Fensterbrett.
Anfang April:
– Vortreiben der Dahlie 'Breakout': Die Knollen in zwei Töpfe mit Anzuchterde setzen und an einen ca. 18 °C warmen Ort stellen. Sobald die Triebspitzen zu sehen sind, an ein helles Fenster stellen.
– Auspflanzen der Levkojen.
Ende April: Auspflanzen der Wicken.
Anfang Mai:
– Anzucht von Strohblume und Zinnie in Töpfen mit 7 cm Durchmesser. Die Töpfe können ab Mitte Mai draußen stehen.
– Auspflanzen des Strandflieders.
Mitte Mai: Setzen der Dahlienknollen 'Dr. P. H. Riedell' und 'Totally Tangerine'. Beim Einpflanzen der Knollen eine Handvoll Kompost und etwas Hornmehl mit einarbeiten, nicht angießen! Beim Austrieb auf Schnecken achten, bei Bedarf einen Schneckenkragen setzen. Auspflanzen der vorgetriebenen Dahlie 'Breakout' als kräftige Pflanze hinter die verblühten Frühblüher. Beim Pflanzen an einen Stab denken: Beide Sorten werden sehr groß und brauchen eine Stütze.
Mitte Juni: Auspflanzen der Zinnien und Strohblumen 'Salmon' zwischen die Reihen der Frühblüher.

Die Pfingstrose braucht etwa **drei Jahre**, bis sie kräftig blüht und beschnitten werden kann.

Die Pfingstrosen sollten geschnitten werden, wenn die Knospen noch geschlossen sind, sich aber schon weich anfühlen.

FRÜHLING

Dieses Beet leuchtet bereits im Frühling kräftig und intensiv, da sehr viele Tulpen und Narzissen integriert wurden, die in ihrer Höhe gestaffelt sind. 'Apricot Impression' blüht besonders hoch und spät im Mai, wenn die anderen Tulpen ihre Farbe verlieren und die wunderschöne 'Apricot Whirl' bereits verblüht ist.

Die im Januar ausgesäten Levkojen öffnen ab Anfang Mai ihre ersten Blüten. Nicht wundern: Die Levkojenblüte baut sich langsam über ca. 14 Tage hinweg auf. Erst sieht sie unscheinbar aus, doch dann wird die Rispe immer üppiger. Schneiden sollte man sie, wenn die Blütenrispe ausgebildet ist und die obersten Knospen noch geschlossen sind.

Die Levkoje wird nach ihrer Blüte bodennah abgeschnitten, sie versamt sich nicht. Die Setzlinge des Strandflieders werden zwischen die Levkojenreihen gepflanzt.

Lupinen sind schneckengefährdet und sollten nach ihrem Austrieb im März und April gut schützt werden. 'Salmon Star' beginnt ab Mitte Mai ihre besonders großen Rispen zu öffnen und blüht bis etwa Ende Juni. Sind die lachsrosafarbenen Dolden verblüht, schneidet man sie ca. 10 cm über dem Boden zurück – für eine zweite Blüte im Herbst.

Die früh blühende Pfingstrose 'Etched Salmon' zeigt ihre hübschen, schalenförmigen Blütenkelche ab Mitte Mai für etwa zwei Wochen. Im Hintergrund macht sich die bereits Ende April ausgepflanzte Wicke 'Princess Elisabeth' schon auf den Weg und klettert langsam das Gerüst empor.

SOMMER

Im Laufe des Sommers werden die Farben im Beet etwas sanfter. Vor allem die Dahlie 'Breakout' besticht jetzt durch ihre pastelligen Töne und öffnet ihre riesigen, dicht

gefüllten Blüten, da sie vorgetrieben wurde, bereits Ende Juni.
Ein besonderes Highlight in diesem Beet ist für mich der Strandflieder: Er hat zwar nicht das hübscheste Laub, aber das wird geschickt von der austreibenden Dahlie 'Totally Tangerine' verdeckt. Dafür sind seine papierartigen, knisternden und leuchtenden Blüten umso schöner! Strandflieder hält nicht nur ewig in der Vase, er lässt sich auch hervorragend trocknen. Dafür die frischen Stiele zu kleinen Sträußen binden und kopfüber zum Trocknen aufhängen.
Sehr elegant zeigt sich ab Anfang Juni der Fingerhut 'Apricot'. Da er giftig ist, sollten beim Schneiden Handschuhe getragen werden, die die Haut vor Irritationen schützen. Fingerhut versamt sich gern – dafür lässt man eine Blütenrispe stehen. Alternativ können die Samen auch gesammelt und selbst vorgezogen werden.
Die Wicke 'Princess Elisabeth' macht natürlich wieder, was sie am besten kann: in der Höhe schon von Weitem strahlen und das in einer Mischung aus Rosa, Apricot und Creme.
Das Laub von Tulpen und Narzissen sollte für eine Blüte im nächsten Jahr nicht entfernt werden. Die Zinnie 'Senorita Pink' sowie die Strohblume 'Salmon' werden Mitte Juni zwischen die Reihen der Frühblüher gepflanzt und geben schon kräftig Gas, sodass das vergilbte Laub perfekt verdeckt wird.

HERBST

Im September nimmt unser Beet nochmal richtig Fahrt auf und leuchtet intensiv in den unterschiedlichsten Apricottönen. Alles ist mit dabei! Wie ein Sonnenuntergang zeigt sich die hohe und riesenblütige Dahlie 'Dr. P. H. Riedell' im Hintergrund. Sie sollte an einen Stab gebunden werden, um ihr einen

Ton in Ton leuchtet das Apricot-Beet von Juni bis August in sanften, warmen Farben.

guten Halt zu garantieren. Ihre kleine Schwester 'Totally Tangerine' blüht offen und in knalligem Rosa-Orange, wodurch sie besonders viele Insekten anlockt.
Da die Lupine zurückgeschnitten wurde, treibt sie erneut aus und schenkt uns im September eine zweite, etwas kleinere Blüte.
Besonders außergewöhnlich finde ich die lachsrosa Zinnie 'Senorita Pink': Sie ist gefüllt und gehört zu der Kategorie der „Kaktuszinnien". Ihre Blütenblätter öffnen sich ab September bis zum ersten Frost, sind besonders groß und laufen leicht spitz zu.

Trockenblumen

Wer im Herbst und Winter Kränze mit getrockneten Blüten binden möchte, kann jetzt einige Strohblumen dafür zum Trocknen schneiden. Das Tolle an der Sorte 'Salmon': Sie blüht in unterschiedlichen Farbschattierungen, von Rosa über Orange und Lachs bis hin zu reinem Apricot. Der Ton verändert sich auch bei einer Knospe, je nachdem wie weit sie geöffnet ist. Blüht sie zu Beginn zum Beispiel rosarot, wird sie im Lauf der Zeit im Inneren heller bis hin zu einem pastelligen Orange.

Herbstarbeiten

Die kleinen kugeligen Samen der Wicke können im September gesammelt und im Frühling erneut ausgesät werden
Im Oktober ist es an der Zeit, neue Tulpenzwiebeln zu setzen. Wenn man das Laub stehen gelassen hat, braucht man bei den alten Tulpen nichts weiter zu tun.
Nach dem ersten Frost werden die Dahlien ausgegraben und frostfrei eingelagert.

Die Strohblumen 'Salmon' blühen im Herbst in einem Mix aus Pink, Apricot, Lachs und Orange und sorgen damit für ein tolles Farbspiel.

ZINNIE
'Senorita Pink'
DAHLIE
'Totally Tangerine'

Ein Traum in Weiß

Ein reines, strahlendes Weiß, das an den Geruch frisch gewaschener Wäsche erinnert – so soll dieses Beet sein! Nur bei der Farbe Weiß haben wir hier im Spiel mit der Natur die Möglichkeit, wirklich im gleichen Ton zu bleiben. Dadurch wirkt das Beet sehr beruhigend, aufgeräumt und klar.

Da Blumen immer ein bisschen so wachsen, wie sie möchten, und keine der anderen gleicht, hat unser 2 × 1,5 m großes Beet trotzdem nichts Strenges. Statt innerhalb der gleichen Sorte eine andere Farbe zu wählen, gibt es hier die Alternative, sich für Arten mit anderen Blütenformen zu entscheiden. Statt der Dahlie 'White Perfection' wäre auch eine Pfingstrose möglich, z. B. 'White Frost', und die Bart-Nelke 'Annual Summertime' könnte durch die Land-Nelke 'Jeanne Dionis' ersetzt werden. Weitere Stauden, die hier eingetauscht werden können: Sonnenhut 'Alba' *(Echinacea purpurea)*, Pfirsichblättrige Glockenblume 'Alba' *(Campanula persicifolia)* oder Rittersporn 'Diamant' (*Delphinium × cultorum*). Natürlich gibt es auch eine große Auswahl an anderen Frühblühern und Dahlien in Weiß.

AUSSAAT- UND PFLANZZEITPUNKTE

Vorjahr Juni: Anzucht der Zweijährigen – Bart-Nelke und Marien-Glockenblume – in kleinen Töpfen direkt draußen auf dem Balkon oder im Garten. Töpfe in den Halbschatten stellen.

EINKAUFSLISTE

STAUDEN

❶ 2 × Phlox 'Pax', *Phlox paniculata*

SAMEN

❷ Bart-Nelke 'Annual Summertime', *Dianthus barbatus*

❸ Duft-Wicke 'White Supreme', *Lathyrus odoratus*

❹ Feldrittersporn 'White King', *Consolida ajacis*

❺ Kosmee 'Double Dutch White', *Cosmos bipinnatus*

❻ Marien-Glockenblume 'Weiß, einfach', *Campanula medium*

❼ Zinnie 'Snowman', *Zinnia elegans*

ZWIEBELN UND KNOLLEN

❽ 2 × Dahlie 'White Perfection', *Dahlia*

❾ 2 × Dahlie 'Eternal Snow', *Dahlia*

❿ 15 × Narzisse 'Obdam', *Narcissus*

⓫ 20 × Tulpe 'Mount Tacoma', *Tulipa*

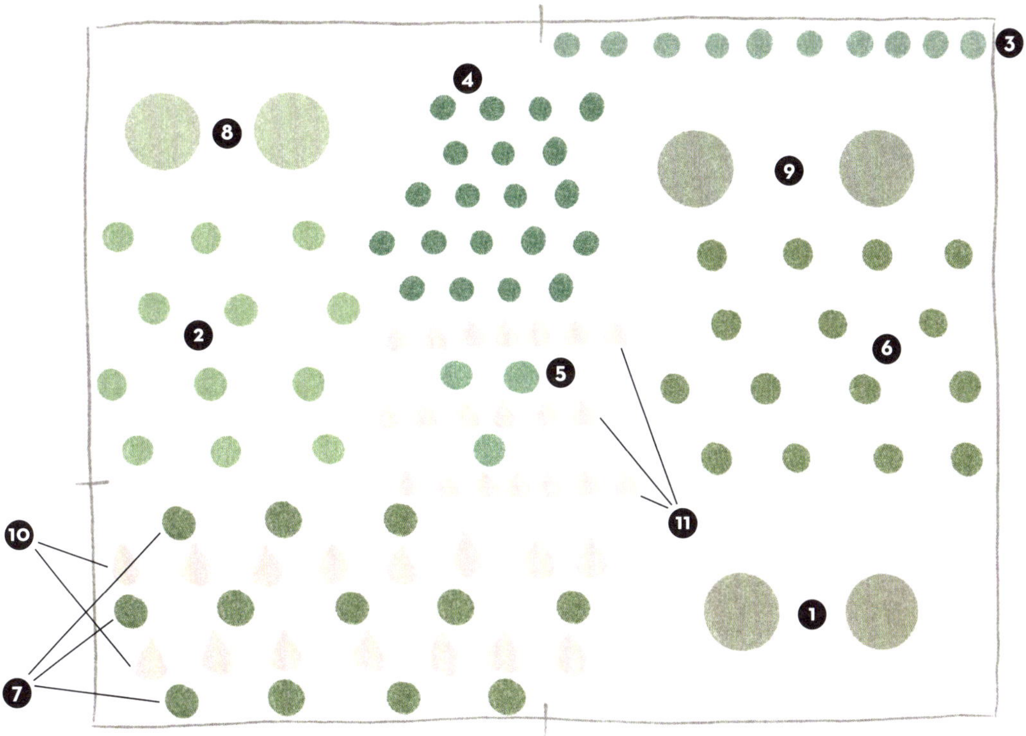

Kosmeen und Zinnien werden im Juni auf die bereits eingezogenen Tulpen und Narzissen gepflanzt.

Vorjahr Oktober:
– Setzen von Tulpen und Narzissen.
– Pflanzen des Phlox, dabei etwas Kompost mit einarbeiten. Alternativ kann auch erst Anfang April gepflanzt werden.
– Auspflanzen von Bart-Nelken und Marien-Glockenblumen.
Anfang März: Anzucht der Duft-Wicken in hohen Töpfen, da Wicken sehr gern schnell und tief wurzeln. Bei einer Größe von ca. 20 cm pinzieren.
Mitte März: Anzucht von Feldrittersporn in kleinen Töpfen oder Multitopfplatte am hellen Fensterbrett. Feldrittersporn gehört zu den Coolflowers, man sät ihn am einfachsten im Herbst direkt draußen in die Erde. Doch in diesem Beet wollen wir seine Blüte statt Anfang Juni erst im Juli, deswegen säen wir ihn später aus: erst im Frühling des Jahres, in dem er blühen soll. Trick für eine bessere Keimquote: Samen nicht mit Erde bedecken und die Töpfe bis zur Keimung an einen dunklen Ort stellen.
Ende April: Auspflanzen der Duft-Wicken.
Anfang Mai:
– Anzucht von Kosmeen und Zinnien, in Töpfen mit 7 cm Durchmesser. Die Töpfe können ab Mitte Mai draußen stehen.
– Auspflanzen der Feldrittersporn-Jungpflanzen.
Mitte Mai: Setzen der Dahlienknollen. Beim Einpflanzen der Knollen eine Handvoll Kompost und etwas Hornmehl mit einarbeiten, nicht angießen! Beim Austrieb auf Schnecken achten, bei Bedarf einen Schneckenkragen setzen.
Mitte Juni: Auspflanzen von Kosmeen und Zinnien ins Beet.

FRÜHLING

Im Frühling ist in diesem Beet schon richtig was los! Ab Ende März bis in den Mai hinein strahlen Tulpen und Narzissen um die Wette. Die Tulpe hat an den äußeren Blütenblättern feine, hellgrüne Streifen, wodurch sie besonders frisch aussieht. 'Obdam' gehört zu meinen Narzissen-Lieblingen! Sie ist dicht gefüllt, sanft gerüscht und hat einen feinen, angenehmen Duft. Die Blüten wirken wie dicke, kleine Wölkchen auf den langen, starken Stielen.

Die zweijährige Bart-Nelke 'Annual Summertime' und die Marien-Glockenblume 'Weiß, einfach' blühen meist zeitgleich ab Mitte Mai auf. Doch in ihrem Erscheinen und ihrer Textur sind sie ganz unterschiedlich: Die Nelkenblüten gehören von der Form her zu den „Scheiben", die Glockenblume hingegen zu den „Spitzen". Dadurch passen sie toll zusammen in einen Strauß und sorgen für Abwechslung.

Die neugierigen Triebe der im April ausgepflanzten Duft-Wicke recken sich schon hinter der Glockenblume empor und auch der Feldrittersporn, der Anfang Mai ausgepflanzt wurde, wächst im Verborgenen. Ihm können Schnecken überhaupt nichts anhaben.

Die Mitte Mai gepflanzten Dahlien hingegen müssen unbedingt beobachtet werden! Eine Schnecke verputzt einen gesamten Trieb in einer Nacht …

Im Mai nimmt das Blumenjahr so richtig Fahrt auf. Alles sprießt und wächst, und kaum hat man sich einmal umgedreht, hat sich schon wieder etwas verändert! Da ist es besonders wichtig, immer mal innezuhalten, das Beet in Ruhe zu beobachten und sich an den hübschen Blüten zu erfreuen.

SOMMER

Ab Juni ist die Wicke 'White Supreme' für mich der Star in diesem Beet. Sie hat große, reinweiße Blüten und lange Stiele. 'White Supreme' entstammt der Wicken-Reihe 'Parfume', die besonders intensiv duftet und sich perfekt für den Schnitt eignet.

Davor blüht der Feldrittersporn mit seinen zierlichen, langen Rispen und gefransten Blüten. Die luftigen Wicken und langen, spitzen Rittersspornblüten können ab August toll mit den ersten Blüten der Kosmee 'Double Dutch White' kombiniert werden. Sie zählt von der Form her zu den „Scheiben" und so ergänzen sich die drei zu einem farblich einheitlichen, jedoch abwechslungsreichen Strauß.

Die treibende Zinnie und der Phlox sorgen ab Juli mit ihrem hübschen Laub im Vordergrund dafür, dass die verblühte Glockenblume und die Bart-Nelke verdeckt werden und, wenn gewünscht, in Ruhe ihren Samen ausbilden können. Beide versamen sich selbst, können aber auch gesammelt und separat im Juni erneut ausgesät werden.

Wichtige Ergänzung zu Weiß

Gerade bei einem Beet in Weiß spielt das Grün eine große Rolle. Das Laub der Blumen bildet einen starken Kontrast zu den zurückhaltenden Blüten und rückt daher stärker in den Fokus. Im Vordergrund zeigen eben Phlox und Zinnie mit ihren satten, kräftigen, grünen Blättern eine schöne Struktur. In der zweiten Ebene sind es dann die beiden großen Dahlien, die für eine satte grüne Farbe sorgen und auch eine sehr attraktive Struktur in der Höhe haben. Im August bilden sie dicke, runde Knospen und machen sich schon bereit für ihre große Show.

Frühling: Die Bart-Nelken können sehr leicht geschnitten werden. Ihre dichten Blütenbälle halten besonders lange in der Vase.

Sommer: Das verblühte gelbe Laub der Narzissen sollte nicht abgeschnitten werden – es wird schon bald von den heranwachsenden Zinnien verdeckt.

Im Herbst blüht das weiße Beet so richtig auf, vor allem die Dahlien haben jetzt ihre große Show.

HERBST

Und dann ist es so weit: Die Dahlien blühen! 'Eternal Snow' wächst locker 120 cm hoch und hat bis zu 25 cm große Blüten, doch auch 'White Perfection' besticht durch ihre starken Stiele und die fluffigen, etwa 12 cm großen Blüten.
Allerdings bekommen die beiden Schönheiten in diesem Beet viel Konkurrenz. Denn ab September blühen auch die Kosmee 'Double Dutch White', der Phlox 'Pax' sowie die Zinnie 'Snowman'. Die Kosmee benötigt aufgrund ihrer dicken, gefüllten Blüten eine Stütze. Dafür setzt man am besten einen Holz- oder Bambusstab hinter die Pflanze und bindet sie daran fest. Im ersten Jahr wird der Phlox als Staude noch nicht so reichlich beschnitten werden können – doch das ändert sich! Damit das Beet auch im ersten Jahr schon richtig dicht ist, können die Zinnien noch etwas näher an ihn herangepflanzt werden. 'Snowman' ist eine sehr großblütige Kaktus-Zinnie: Die Blütenblätter sind am Ende nicht rund, sondern laufen spitz zu. Ich schneide sie am liebsten, wenn die Stiele schon schön fest und steif sind, die Mitte aber noch geschlossen und reinweiß ist.
Es ist also richtig was los im weißen Herbstbeet, und es lassen sich tolle, große und abwechslungsreiche Sträuße schneiden.

Letzte Arbeiten

Im Oktober ist es dann an der Zeit, Resümee zu ziehen: Was hat toll geklappt? Was soll nächstes Jahr neu kombiniert oder ausgetauscht werden? Nun ist auch die Zeit, um neue Tulpenzwiebeln zu setzen.
Im November werden die Dahlienknollen in einen frostfreien, luftigen Raum eingelagert und der Phlox geht mit etwas Kompost in die Winterpause, um sich zu erholen und zu stärken.

DAHLIE
'Eternal Snow'

Beerentöne

Leuchtend fruchtige Beerentöne bringen intensive Farbe in den Garten, ohne dabei knallig zu sein. Denn selbst ein reines Pink wird durch dunkle Brombeere oder sanftes Violett angenehm ausgeglichen.

Die Farbpalette ist so breit, dass es unzählige Möglichkeiten gibt, innerhalb des Farbtons zu variieren oder natürlich auch eine weitere Farbe, zum Beispiel Weiß, dazuzunehmen. Sollte einem die Farbkomposition dieses 2 × 1,5 m Beetes doch etwas zu knallig sein, lässt sich das leicht beheben, indem man statt der pinken Wicke 'Elegance Lipstick' die Sorte 'Nellie Viner' in einem blassen, edlen Rosa wählt. Anstelle der dunklen Lupine 'West Country Masterpiece' könnte auch die Sorte 'West Country Masterpiece Blossom' mit zart rosafarbenen Blütenrispen gepflanzt werden. Ersetzt man nun noch die etwas knallige Dahlie 'Mambo' durch die hohe, großblumige Sorte 'Café au lait Royal' mit ihrer fliederfarbenen Mitte und den helllilafarbenen Blütenblättern, wirkt das gesamte Beet automatisch sanfter.

AUSSAAT- UND PFLANZZEITPUNKTE

In diesem Beet sind besonders viele Stauden integriert. Dadurch ist es auf lange Sicht pflegeleicht und füllt sich quasi von selbst. Doch es braucht auch ein wenig Geduld, bis Sonnenhut, Lupine, Lenzrosen und Fettblatt zu üppiger Größe herangewachsen sind. Mein Tipp: Im ersten Jahr die vorgezogenen Blumen aus Samen etwas dichter neben die Stauden pflanzen, um die Lücken zu füllen.
Vorjahr Juni: Anzucht des zweijährigen Fingerhuts in kleinen Töpfen direkt draußen

EINKAUFSLISTE

STAUDEN

1. 1 × Großes Fettblatt 'José Aubergine', *Sedum telephium*
2. 1 × Lenzrose 'Brunello', *Helleborus × glandorfensis*
3. 1 × Lenzrose 'Pink Lady', *Helleborus Orientalis*-Hybride
4. 2 × Lupine 'West Country Masterpiece', *Lupinus polyphyllus*
5. 1 × Purpurroter Scheinsonnenhut, *Echinacea purpurea*

SAMEN

6. Duft-Wicke 'Elegance Lipstick', *Lathyrus odoratus*
7. Fingerhut 'Rot', *Digitalis purpurea*
8. Kornblume 'Black Boy', *Centaurea cyanus*
9. Löwenmäulchen 'Orchidee', *Anthirrinum majus*
10. Skabiose 'Salmon Queen', *Scabiosa atropurpurea*

ZWIEBELN UND KNOLLEN

11. 2 × Dahlie 'Claudette', *Dahlia*
12. 2 × Dahlie 'Mambo', *Dahlia*
13. 20 × Tulpe 'Blue Diamond', *Tulipa*
14. 30 × Tulpe: Mix aus 'Don Quichotte' und 'Black Hero', *Tulipa*

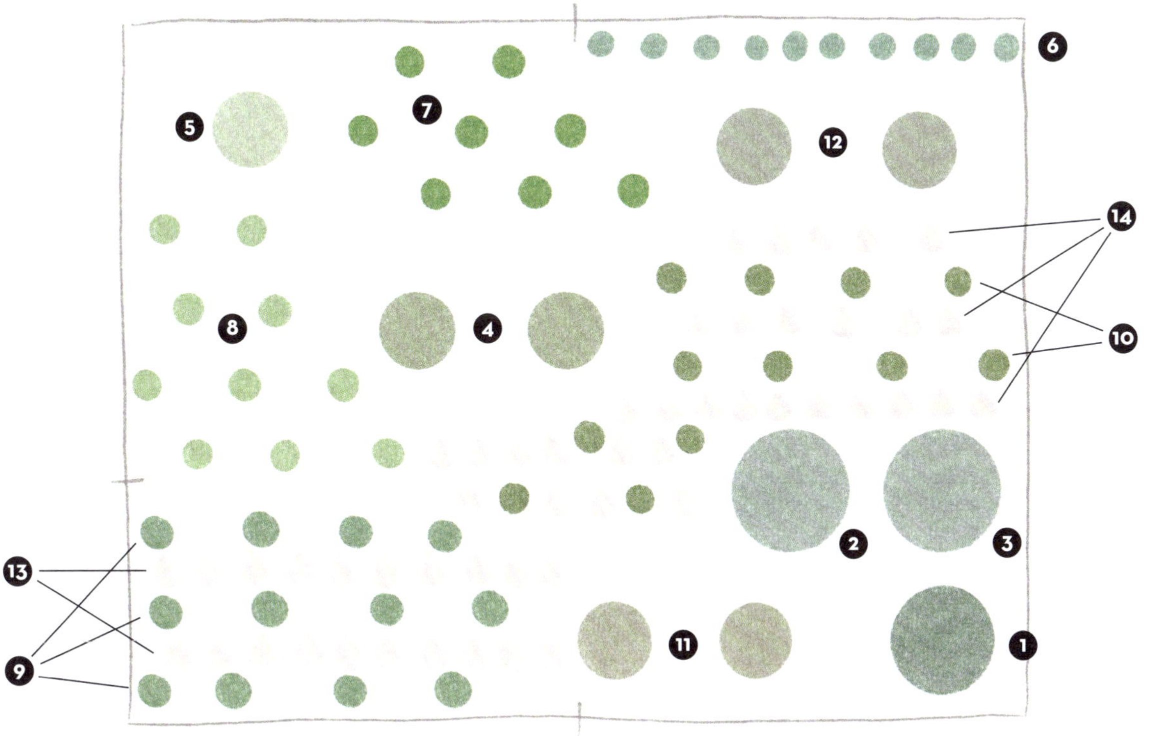

50 Tulpenzwiebeln werden in dieses Beet eingebuddelt. Auf Narzissen müssen wir leider verzichten, da es sie (noch) nicht in Beerentönen gibt.

auf dem Balkon oder im Garten. Töpfe in den Halbschatten stellen.

Vorjahr August: Auspflanzen des Fingerhuts.

Vorjahr Oktober:

– Setzen der Tulpenzwiebeln.

– Pflanzen der Stauden: Purpurroter Scheinsonnenhut, Lupine, Lenzrosen und Großes Fettblatt. Dabei etwas Kompost mit einarbeiten. Alternativ kann auch erst Anfang April gepflanzt werden.

Anfang März: Anzucht der Wicken drinnen in hohen Töpfen, da Wicken sehr gern schnell und tief wurzeln. Bei einer Größe von etwa 20 cm pinzieren.

Mitte März: Anzucht der Kornblumen in kleinen Töpfen oder in einer Multitopfplatte am hellen Fensterbrett.

Ende April: Auspflanzen der pinzierten Wicken. Mit Kompost versorgen.

Anfang Mai:

– Anzucht von Löwenmäulchen und Skabiose in Töpfen mit 7 cm Durchmesser, die Töpfe können ab Mitte Mai draußen stehen.

– Auspflanzen der Kornblumen.

Mitte Mai: Setzen der Dahlienknollen. Beim Einpflanzen der Knollen eine Handvoll Kompost und etwas Hornmehl mit einarbeiten, nicht angießen! Eventuell einen Schneckenkragen setzen.

Mitte Juni: Löwenmäulchen und Skabiosen ins Beet setzen.

FRÜHLING

Zu jeder Jahreszeit leuchtet das Beerentöne-Beet in den schönsten Farben. Dabei hat jede Blume ihren ganz eigenen Auftritt. Die Lenzrosen eröffnen das Blumenjahr bereits Ende Februar und blühen bis in den April hinein. Dabei ergänzen sich die dunkle 'Brunello' und die rosa 'Pink Lady', die viel sanfter ist, als ihr Name verheißt. Lenzrosen dürfen erst geschnitten werden, wenn sie bereits beginnen, ihren Samen auszubilden – also nicht zu früh zur Schere greifen! Nach dem Schnitt müssen die empfindlichen Schönheiten am besten über Nacht im Kühlschrank hydrieren.
Im April übernehmen die Tulpen das Feld: Ich kombiniere die drei Sorten in unterschiedlichen Beerentönen gern zu tollen Sträußen. Hier gilt es, sich zu entscheiden: Tulpe mit Zwiebel ernten, für extra lange Stiele oder mindestens ein Blattpaar stehen lassen für eine (eventuelle) Blüte im Folgejahr.
Ende April werden die zehn kräftigsten Wickensetzlinge mit ordentlich Kompost an das Rankgerüst gesetzt. Anfang Mai folgen dann die vorgezogenen, großen Kornblumen, die sehr schnell wachsen und zwei Wochen später bereits ihre ersten Blüten öffnen. Die Lupine 'West Country Masterpiece' zeigt ab Mitte Mai das intensive Dunkellila ihrer großen Rispen und Ende des Monats gesellen sich dann die ersten Blüten des Fingerhuts dazu. Die Sorte heißt zwar 'Rot', doch die Blütenfarbe ist auf jeden Fall eher ein schönes Rosa-Lila.
Denk daran, die beiden Dahlien Mitte Mai an ihren Platz zu pflanzen!

Dunkel leuchten die Frühlingsboten gemeinsam um die Wette. Die kleinen mauvefarbenen Kornblumen bilden dabei laufend neue Blüten.

SOMMER

Die dunkle Kornblume 'Black Boy' und der Fingerhut 'Rot' entfalten ab Juni ihre ganze Pracht. Die Kornblumen dürfen ruhig rigoros tief geschnitten werden – sie entwickeln laufend bis in den Juli hinein neue Blüten. Beim Fingerhut ist darauf zu achten, Handschuhe beim Schnitt zu tragen, da er giftig ist und zu Hautirritationen führen kann.
Das kräftige Pink der Wicke 'Elegance Lipstick' ist mutig, doch gerade zusammen mit den anderen dunkleren, gedeckten Lilatönen eine intensive, nicht zu knallige Kombination.

Leicht zu vermehren

Sobald das Fettblatt in den Folgejahren zu einer üppigen Staude herangewachsen ist, kann man es gut noch knospig schneiden und bereits im Sommer in Sträuße und Arrangements mit einbinden. Zudem ist es sehr leicht über Stecklinge zu vermehren. Dazu einfach Anfang Juni einen ca. 20 cm langen Austrieb über einer Blattachse schneiden, alle unteren Blätter entfernen, sodass nur die oberen Blattpaare stehen bleiben, und den Stiel an einen gewünschten Standort ca. 15 cm tief in die Erde stecken. Angießen und auch in den kommenden Tagen feucht halten. Am besten schneidet man gleich sechs oder sieben Stecklinge und steckt sie gemeinsam im Abstand von 5 cm, so hat man bereits im Folgejahr eine neue, kleine Staude. *Sedum* ist wirklich sehr pflegeleicht, unempfindlich und vielseitig! Es gibt Sorten in Hellrosa, Pink oder Lila. Aber auch als Blattschmuckstaude kann sie im Beet eingesetzt werden.

Kornblumen können im **Strauß** sehr gut als „Füller" eingesetzt werden, der Fingerhut als „Spitze" und die Wicke als „Luftiges". So sind die drei ein tolles, leuchtendes Trio.

Die Blüten der pinkfarbenen Wicke bringen neuen Schwung in die Farbkombination und blühen für einige Wochen – Verblühtes muss dafür regelmäßig abgeschnitten werden.

ROTER FINGERHUT

Satt und leuchtend zeigen sich im Herbst die Blüten von Dahlien, Löwenmäulchen und Scheinsonnenhut in ganz unterschiedlichen und doch miteinander harmonierenden Beerentönen.

HERBST

Ein klarer, kühler Herbsttag passt perfekt zur Stimmung dieses Beetes. Die Beerentöne leuchten herbstlich, bringen warme Farben in den Garten, und das Beet verabschiedet sich sanft in den Winterschlaf.

Doch vorher ist noch einiges los! Die Löwenmäulchen blühen endlich – sie gehören zu meinen allerliebsten Schnittblumen! Sie sind zwar Coolflowers und können auch schon ab Februar vorgezogen und im April ausgepflanzt werden, doch muss man sich mit ihnen gar nicht beeilen. Löwenmäulchen wachsen sehr langsam und besetzen das Fensterbrett bei einer frühen Aussaat für viele Wochen. Eine Anzucht ab Mai hingegen kann direkt draußen in kleinen Töpfchen erfolgen. Die Sorte 'Orchidee' passt mit ihrem sanften Lila und der feinen, gelben Mitte perfekt zu den Bonbonfarben der Skabiose 'Salmon Queen'. Diese sollte früh geschnitten werden, gerade, wenn sich die äußeren kleinen Blüten öffnen und die Mitte noch fest verschlossen ist.

Die beiden Herbststauden Sonnenhut und Fettblatt zeigen eine ganz unterschiedliche Textur: Ist das Fettblatt kompakt und rund, streckt die rosa *Echinacea* ihre langen Stiele aus dem samtig grünen Laub hervor und zeigt ihre orangerote Mitte, die einen tollen Kontrast zu den sanften Blütenblättern bildet.

Und last but not least zeigen sich die beiden Dahlien von ihrer schönsten Seite: 'Claudette', etwas niedriger, erstrahlt in tiefstem Lila im Vordergrund, während sich 'Mambo' mit ihren 120 cm über das Beet erhebt und ihre außergewöhnliche Form zeigt: eine puschelig fransige Mitte mit großen, sie umfächernden Blütenblättern in tiefem Rosa.

Fingerhut ist giftig und sollte nur mit Handschuhen berührt werden. Vor allem wenn man kleine Kinder im Garten hat, sollte er zudem sicher in den Hintergrund gepflanzt werden.

GRUNDLAGEN GARTENPRAXIS

Es gibt nichts Schöneres, als selbst aus Samen gezogene Blumen zu pflanzen, zu pflegen und natürlich auch zu ernten.

Blumen selbst aussäen

Einerseits ist das mit der Anzucht ja wirklich einfach: Man braucht Samen, die man in feuchte Anzuchterde steckt, einen hellen Platz zum Wachsen und fertig. Andererseits wird es etwas komplizierter, wenn man für üppige Sträuße von Mai bis November durchgehend blühende Beete haben möchte.

Wenn man ein paar Tipps berücksichtigt und sich vier Daten in den Kalender einträgt, klappt es mit der lückenlosen Blütenpracht!

DIE QUAL DER WAHL

Das Schönste zum Anfang: Welche Blumen dürfen es sein? Die Auswahl ist riesig und so kann nach den eigenen Wünschen und Vorstellungen nach Herzenslust ausgewählt werden. Zu beachten ist nur: Es sollten Sorten aus den verschiedenen Kategorien – einjährige Sommerblüher, Coolflowers und Zweijährige – dabei sein, damit der Garten eine lange und gestaffelte Blühzeit hat.

DIE PLANUNG: VIEL HILFT VIEL

Ich pflanze später in der Regel mit einem Abstand von 20 cm. Das heißt, ich brauche etwa 25 Pflanzen pro Quadratmeter. Eine Ausnahme sind für mich Levkojen und Rittersporn mit einem geringeren Abstand von 15 cm sowie Kosmeen und alle Zweijährigen mit einem Abstand von 30 cm. Wichtig: Schwund gibt es immer: Manche Samen keimen nicht, vertrocknen oder verschwinden plötzlich im Garten (Schnecken, Vögel, Kaninchen, Regen ...). Daher Ausfälle einplanen und lieber das Doppelte aussäen!

DER RICHTIGE ZEITPUNKT

Ganz entscheidend ist der Zeitpunkt der Aussaat, denn er bestimmt über den Zeitpunkt der Blüte. Wer mag, kann ab März alle paar Tage einige Blumen aussäen. Doch ich habe für mich festgestellt, dass es viel effizienter und übersichtlicher ist, wenn ich mich an vier große Daten halte:

Anfang März

Aussaat aller Coolflowers drinnen.
Hier können jegliche Sorten ausgesät werden. Ich stelle die gekeimten Pflanzen dann tagsüber raus und hole sie nachts wieder rein. Ab April können die Setzlinge ausgepflanzt werden (siehe S. 104). Zum Schutz vor Spätfrösten solltest du sie mit einem Vlies abdecken.

Anfang April

Aussaat aller einjährigen Sommerblüher drinnen.

Das Saatgut sollte frisch sein. Also nicht auf Vorrat kaufen. Die größte Auswahl hat man bei Onlineshops. Eine Liste findest du auf Seite 122.

1

2

3

Auch wenn auf der Samentüte die Anzucht ab März genannt wird, kann ich empfehlen, damit bis April zu warten. Sonst besteht die Gefahr, dass die Pflanzen auf dem Fensterbrett zu groß werden, sich nach der Sonne recken und zu lange in ihren Töpfen bleiben müssen. Können die wärmeliebenden Blumen hingegen bereits nach vier Wochen ab Mitte Mai ins Beet, wachsen sie kompakter, kräftiger und geben draußen gleich doppelt Gas.

Mitte Juni

Aussaat aller Zweijährigen draußen.
Da die Tage lang und warm sind, können alle Zweijährigen draußen in Töpfen vorgezogen werden. Sie wandern dann als starke Pflänzchen im August oder September an ihren endgültigen Platz im Beet.

Mitte August

Aussaat robuster Coolflowers draußen.
Coolflowers wie Feldrittersporn, *Orlaya* oder Jungfer im Grünen im Spätsommer direkt geschützt auszusäen, ist super: Die Erde ist noch warm und es ist genug Licht vorhanden. Die Pflanzen bekommen sofort alles von der Natur, was sie brauchen. Sie überwintern im Beet und brauchen im Frühling als starke Jungpflanzen nur noch an den gewünschten Platz gepflanzt zu werden.

4

1. Die Erde wird fest in die Erdballenpresse gedrückt.

2. Als Behältnis für die Erdballen eignet sich eine transparente Kiste.

3. Die Samen werden auf oder in die feuchte Erde gelegt bzw. gesteckt.

4. Ein Deckel sorgt dafür, dass die Erde nicht austrocknet.

VORANZUCHT

Für die Anzucht aus Samen braucht es nicht viel! Ein Gefäß – das können zu Beginn auch Joghurtbecher oder Eierkartons sein – wichtig ist nur, dass sie einen Abfluss haben. Möglichst feine Anzuchterde sowie ein heller Platz. Und dann kann es schon losgehen!

Anzuchterde

Die Anzuchterde sollte torffrei, biologisch und möglichst fein sein.

Gefäße

Für welches Anzuchtgefäß man sich entscheidet, ist Geschmackssache. Ich nutze zum einen die Erdballenpresse. Mit dieser Presse aus Metall lassen sich ganz einfach aus feuchter Anzuchterde kleine Ballen pressen, in die direkt gesät wird.
Durch die Anzucht in Erdballen wird das Wurzelwerk der kleinen Pflänzchen dazu angehalten, sich ordentlich zu verzweigen, da sie in Kontakt mit Sauerstoff kommen, wenn sie an die Außenseiten stoßen, anstatt sich zwischen Plastik und Erde zu kringeln. Und ihr Wurzelwerk wird beim Auspflanzen überhaupt nicht gestört und schön geschont. Zum anderen säe ich in Saatschalen aus und pikiere nach der Keimung in Quickpot-Platten. Es keimen nie alle Samen, die Keimquote liegt meist bei rund 80 %. Dadurch kommt es bei einer Direktsaat in Quickpot-Platten häufig dazu, dass einige Töpfchen leer bleiben. Durch das Pikieren aus der Saatschale heraus kann ich hingegen sicherstellen, dass der Platz optimal genutzt ist.

Wärme und Licht

Wärme ist wichtig für die Keimung. Die meisten Blumen keimen gern bei etwa 20 °C. Doch ab dann ist das Licht das Wichtigste. Blumen brauchen mindestens zwölf Stunden Tageslicht. Das ist etwa ab dem 20. März der Fall.

DIREKTSAAT DRAUSSEN

Eine Direktsaat ins Beet ist im Frühjahr deutlich später möglich, als wenn man die Blumen im Haus vorzieht. Coolflowers können ab Mitte April draußen ausgesät werden, Sommerblüher nicht vor Mitte Mai. Bei der Direktsaat bekommen die Blumen sofort viel Licht, und der Arbeitsaufwand ist sehr gering. Das Beet sollte dazu beikrautfrei und feinkrümelig sein, damit die Samen gute Startbedingungen haben. Doch es besteht immer auch die Gefahr, dass die Samen austrocknen, vom Regen weggeschwemmt oder von Vögeln, Kaninchen oder Schnecken gefressen werden.

Werden Blumen früher ausgesät, brauchen sie zusätzliches **künstliches Licht**. Dafür gibt es besonders helle, kaltweiße Lampen, die mindestens 3500 K haben.

PIKIEREN – KEIMLINGE VEREINZELN

Hier ist etwas Gefühl gefragt

1. In einer Saatschale bleiben die Pflanzen nur so lange, bis sie gekeimt sind. Deswegen kann man sehr viele Samen sehr eng säen. Besonders bei feinen Samen wie von Mohn, Fingerhut oder Löwenmäulchen erleichtert das die Aussaat ungemein. Nach der Keimung vereinzelt (pikiert) man alle Pflänzchen, indem man sie vorsichtig mit einem Pikierstab oder einem Holzstift aus der Erde holt. Die Wurzeln der kleinen Pflänzchen sind noch ganz fein. Es ist wichtig, dass sie nicht verletzt werden.

2. Nun wird jedes Pflänzchen einzeln in einen größeren Topf mit Anzuchterde gesetzt. Das können einzelne Töpfchen sein oder, wie hier auf dem Bild, eine Multitopf-Platte. Blumen, die schnell wachsen und nach wenigen Tagen schon viel Platz brauchen wie Zinnien oder Kosmeen, werden in Töpfe mit einem Durchmesser von mindestens 5 cm gepflanzt. Langsam wachsende Arten wie Löwenmäulchen oder Mohn können in kleinere Töpfe mit einem Durchmesser von ca. 2 cm gesetzt werden.

3. Nach dem Pikieren wächst nun in jedem Topf eine Pflanze. Im Gegensatz dazu kommt es bei einer Direktsaat in Töpfe häufig dazu, dass einige Samen nicht keimen und der Topf leer ist oder mehrere Samen im gleichen Topf aufgehen. Die pikierten Keimlinge wollen sehr hell stehen und wachsen nun zu kräftigen Pflanzen heran. Einmal wöchentlich sollten sie mit einem verdünnten Biodünger oder einer Jauche, beispielsweise aus Brennnesselblättchen, im Verhältnis 1:20 von unten gewässert werden, um genug Nährstoffe zu erhalten.

4. Die Pflanzen sollten je nach Wetter täglich gegossen werden. Zudem sollte immer wieder überprüft werden, wie der Wurzelballen aussieht. Wenn die Wurzeln sich unten kringeln und aus dem Topf herauswachsen, brauchen sie mehr Platz und müssen entweder noch einmal in einen größeren Topf umgetopft werden oder kommen direkt ins Beet. Sie sind inzwischen widerstandsfähig und kräftig. Auch gegen wie Läuse oder Nacktschnecken sind sie besser gewappnet. Vor dem Auspflanzen werden die Erdballen gut gewässert.

Schnittblumenbeete anlegen

Es gibt grundsätzlich zwei Möglichkeiten, ein Beet anzulegen: Entweder soll es sich schön und harmonisch in den Blumengarten einfügen und je nachdem geschwungen, rund, lang oder breit sein oder es soll rein dem Blumenanbau dienen und dabei möglichst effizient und praktisch sein.

Vorweg kann ich gleich verraten: Am schönsten ist eine Kombination aus beidem! Jeder Garten ist anders, hat eine andere Form, ist schmal oder quadratisch, schattig und zugewachsen oder offen und sonnig. Und auch jede Gärtnerin und jeder Gärtner hat einen eigenen Geschmack – der oder die eine mag es lieber klar und übersichtlich, der andere verwunschen und üppig wuchernd.
Die Gestaltung der Beete ist absolute Geschmacksache und Ausdruck der Persönlichkeit von Gärtnerin und Garten. Um möglichst viele Blumen von Frühling bis Herbst in einem wunderschönen Schnittblumengarten zu schneiden, empfiehlt sich das Anlegen von integrierten und separaten Beeten.

INTEGRIERTE BEETE

Hier werden verschiedene Blumenarten miteinander kombiniert und Blumen, die dem Schnitt dienen, integriert. Besonders toll wirkt es, wenn die Höhen sich staffeln. Dafür pflanzt man in den Hintergrund blühende Sträucher wie Flieder und Bauernjasmin, davor passen Strauchrosen und hohe Stauden wie Rittersporn oder Lupinen. Im Vordergrund können niedrigere Stauden wie Phlox, Frauenmantel oder Margeriten miteinander kombiniert werden.
In dieses Beet werden nun im zweiten Schritt Frühblüher, Dahlien und Blumen aus Samen integriert, die jedes Jahr wechseln. Wichtig ist es, von vornherein Platz dafür einzuplanen. Blumen aus Samen sollten man unbedingt vorziehen und erst bei einer Größe von ca. 15 cm dazwischenpflanzen. Sonst besteht die Gefahr, dass die kleinen Jungpflanzen von den austreibenden Stauden, Rosen und Sträuchern zu stark überschattet werden und eingehen.

SEPARATE BEETE

Diese Nutzbeete sollen möglichst ökonomisch sein und einen hohen Ertrag an Schnittblumen bringen. Das bietet sich vor allem für Blumen aus Samen an. Separate Beete sind rechteckig und am besten 1,20 m breit, damit sie von beiden Seiten aus bis zur Mitte hin gut erreicht werden können. In der Länge sind sie variabel. Auf einen Quadratmeter passen in der Regel ca. 25 Schnittblumen mit einem Abstand von 20 cm.
Das separate Beet kann auch sehr gut als „No-Dig-Rahmenbeet“ angelegt werden. Es bietet perfekte Startbedingungen für die Pflanzen.
Durch die rechteckige, längliche Form ist es möglich, kleine Vliestunnel als Frostschutz aufzubauen oder horizontale Netze zum Stützen der Blumen zu spannen. Da dieses Beet nur der Ernte von Schnittblumen dient und vor der Pflanzung oder nach dem Schnitt etwas kahl oder zerrupft aussieht, kann man es gut im hinteren Teil des Gartens anlegen.

No-Dig-Rahmenbeet

Ein neues Blumenbeet anzulegen, geht mit der No-Dig-Methode ruckzuck: No dig – nicht umgraben – bedeutet, dass der Spaten tatsächlich nicht in die Erde gestochen wird! Das neue Beet wird einfach aufgeschichtet.

Diese Methode funktioniert auf jeder Unterlage: sowohl auf Rasen als auch auf festem Lehm oder einer wilden Fläche voll Brennnesseln, Ackerschachtelhalm und Winden.

DIE TECHNIK

Mithilfe von Papier oder Pappe und einer dicken Schicht Kompost-Erde-Gemisch werden den darunterliegenden Pflanzen das Licht und die Luft zum Wachsen entzogen. Die Papier- oder Pappeschicht sorgt dafür, dass Gräser oder Beikräuter nicht in das darüberliegende Beet hineinwachsen können.

UNGESTÖRTES BODENLEBEN

Neben der großen Arbeitserleichterung sorgt die No-Dig-Methode dafür, dass das Bodenleben völlig ungestört bleibt. Denn auch in der Natur gräbt ja niemand die obere humushaltige Erdschicht ein, sondern alles sackt Jahr für Jahr aufeinander, vermischt sich natürlich, und die nächste Schicht setzt sich oben drauf. Kurz gesagt: Man stört das Bodenleben so wenig wie irgend möglich, damit alle Lebewesen, Mikroorganismen und Pilze ungestört ihrer Arbeit nachgehen können – und dir die perfekte Erde erschaffen!

Die Blumen, die in dieser wunderbar nahrhaften, lockeren Erde wachsen dürfen, fühlen sich pudelwohl, wie in einem Mini-Hochbeet, sind dadurch gesünder, werden größer und tragen reichere Blüten. Durch die aufgeschichtete Erde entsteht eine gut funktionierende Drainage, und es kommt nicht zu Staunässe. Daneben führt der „Hochbeet-Effekt" dazu, dass sich die Erde schneller erwärmt und die Setzlinge im Frühjahr direkt in lockere, warme Erde gepflanzt werden können.

LAZY SOMMER

Neben der Arbeitsersparnis beim Anlegen des neuen Beetes erspart man sich über das gesamte Blumenjahr hinweg viel Zeitaufwand, da das „No-Dig-Beet" kaum gejätet werden muss. Einzelne Beikräuter, die über den Wind herangeweht wurden und gekeimt sind, können ganz leicht und schnell aus der lockeren Erde herausgezogen werden.

DAS BRAUCHST DU

- 4 Holzlatten (mindestens 25 cm breit, so lang wie gewünscht)
- Nägel
- Papier und/oder Pappe
- Kompost

DER WEG ZUM NO-DIG-RAHMENBEET

1. Schneide Holzlatten in der Länge so zurecht, dass sie zu deinem Beet passen und nagele sie zu einem quadratischen Rahmen zusammen. Eine Höhe von 25 cm sollte mindestens gegeben sein, damit die Blumen ausreichend Platz zum Wurzeln haben. Nun wird der Holzrahmen auf die Fläche gelegt, wo später die Blumen wachsen sollen. Eventuell muss der Boden dafür noch leicht geebnet werden, damit der Rahmen plan aufliegt.

2. Kleide nun den Rahmen mit Papier (z. B. mehrlagige Zeitung) oder Pappe aus. Wer keine Druckerschwärze in seinem Boden möchte, nutzt Pappe. Wichtig ist es, jegliche Plastikklebestreifen von der Pappe zu entfernen. Das Papier oder die Pappe sollte sich großzügig überlappen, sodass die Schicht so dick ist, dass die Wurzelunkräuter bis zum Herbst nicht durchkommen, aber auch nicht zu dick, damit Wasser noch gut abfließen kann.

3. Es ist toll, eigene Erde und eigenen Kompost zu nehmen, um das Beet zu befüllen. Hat man nicht genug davon, muss man beides zukaufen. Am besten bei einem Bauern des Vertrauens, es ist aber auch möglich, Erde und Kompost im Baumarkt oder bei einer Wertstoffdeponie zu kaufen. Achte auf gute Qualität: Die Erde sollte locker sein und der Kompost gut abgelagert. Das merkt man daran, dass er angenehm riecht und eine lockere, feine Struktur hat.

4. Nun kommt der schönste Teil: das Bepflanzen! Die vorgezogenen kleinen Setzlinge können in die frische, lockere Erde gepflanzt werden. Dafür gräbt man mit einer Schaufel, einem Ausstecher oder einem Messer ein Loch, das etwas tiefer und breiter ist als das Pflänzchen und setzt nun die Blume hinein. Danach drückt man die Erde um den Wurzelballen sanft fest. Abschließend werden alle Pflanzen im Beet noch einmal kräftig angegossen.

Blumen pflanzen

Das Beet ist angelegt, die Erde gut vorbereitet und aus den Samen sind in den letzten Wochen kleine starke Pflänzchen geworden – nun ist es endlich soweit: Es darf gepflanzt werden.

DER RICHTIGE ABSTAND

Welcher Pflanzenabstand gewählt wird, ist abhängig von der jeweiligen Art und Sorte der Ein- oder Zweijährigen. Einige brauchen sehr wenig Platz, da sie nur einen Stiel ausbilden. Dazu gehören zum Beispiel Levkojen, Rittersporn, eintriebig wachsende Sonnenblumen oder Jungfer im Grünen. Ihnen reicht ein Abstand von ca. 10 cm. Das bedeutet, dass auf einen Quadratmeter etwa 81 Pflanzen passen.

Im Gegensatz dazu brauchen Blumen, die sehr groß und buschig wachsen, besonders viel Platz. Dazu gehören Kosmeen, Zinnien oder auch die Knorpelmöhre. 35 cm sind ein guter Abstand, damit sich diese Blumen entfalten können. Somit passen ca. 10 Pflanzen auf einen Quadratmeter.

Die meisten Sorten gehören aber ins „Mittelfeld". Sie fühlen sich mit einem Abstand von ca. 25 cm am wohlsten: Löwenmäulchen, Kornblumen, Sommerastern, Land-Nelken, Strandflieder, Strohblumen und viele mehr. Etwa 16 Pflanzen passen hier auf einen Quadratmeter.

ABHÄRTEN

Bevor man seine vorgezogenen Setzlinge jedoch auspflanzt, ist eines ganz wichtig: das Abhärten. Die kleinen Pflänzchen sind noch empfindlich und müssen erst langsam an Sonne und Wind gewöhnt werden. Sie bekommen sonst tatsächlich einen Sonnenbrand, sind gestresst und wachsen deutlich geschwächt weiter.

Dazu stellt man die Pflanzen für mehrere Tage morgens raus in den Halbschatten und holt sie abends wieder rein. Coolflowers können ab März abgehärtet werden , Sommerblüher ab Mitte Mai. Danach sind sie bereit fürs Auspflanzen.

AB IN DIE ERDE

Ich pflanze vorgezogene Setzlinge am liebsten mit meinem Ausstecher, da er sehr leicht in den Boden gleitet. Ein kleines Loch ist damit schnell gestochen.

Oft bekommen die jungen Blumen einen kleinen „Schock" nach dem Auspflanzen. Das zeigt sich in gelben oder rötlichen Blättern. Doch keine Sorge, nach etwa einer Woche haben sie sich an die neuen Bedingungen gewöhnt und wachsen gesund und grün weiter.

Getopfte Stauden brauchen etwas mehr Platz im Beet. Hier hebe ich das Pflanzloch mit einem Spaten aus und gebe je nach Sorte Kompost und Hornspäne hinzu. Wie viel Platz und Abstand sie brauchen, ist auch von Staude zu Staude unterschiedlich und abhängig von Wüchsigkeit und Endgröße. Allen gemeinsam ist, dass sie in kleinen Grüppchen meist schöner aussehen. Damit entsteht von Anfang an Harmonie, und die Stauden können nach zwei bis drei Jahren geteilt werden.

Ob Staude oder Setzling: Nach der Pflanzung ist es sehr wichtig, die Blumen anzugießen. Sie brauchen eine ordentliche Portion Wasser, um gut anzuwachsen. Auch in den folgenden Tagen sollten sie regelmäßig gegossen werden.

Unkraut-ausstecher – perfekt zum Pflanzen

1

2

1. Am besten nicht in der prallen Mittagssonne auspflanzen, da die Setzlinge sonst schnell vertrocknen.

2. Die Pflänzchen vorsichtig in die Löcher setzen, leicht andrücken und im Anschluss gut angießen, damit die Wurzeln sich von Anfang an wohlfühlen.

Pflege im Blumengarten

Sobald eine Blume gekeimt ist, braucht sie auf ihrem Weg zu einer großen, üppigen Pflanze mit reicher Blütenpracht unsere Unterstützung. Wir müssen sie zum Beispiel gießen, düngen und stützen.

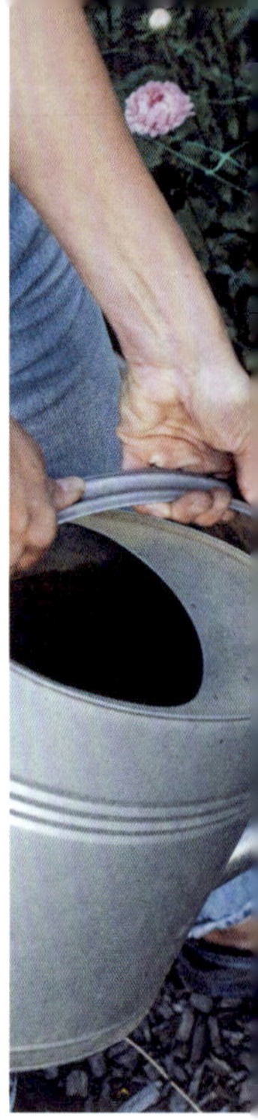

1

Es gibt Arten, die seltener gegossen werden müssen oder weniger Dünger benötigen, doch auch hier ist etwas Grundlagenwissen wichtig.

BEWÄSSERN

Es ist wichtig, so sparsam wie möglich mit der elementaren Ressource umzugehen. Mit diesen fünf Tipps sind alle Pflanzen bestens mit Wasser versorgt und haben genug Kraft, um groß und üppig zu werden.

1. Trockenheitsliebende Pflanzen wählen: Strandflieder, Schafgarbe, Strohblumen, Lavendel, Land-Nelken und Fetthenne kommen mit wenig Wasser aus.

2. Mulchen: Die Bedeckung der nackten Erde sorgt dafür, dass weniger Wasser verdunstet und die Feuchtigkeit deutlich länger im Boden gespeichert wird.

3. Nur bei Bedarf gießen: Kleine Jungpflanzen brauchen regelmäßige Wassergaben, da sie sonst schnell vertrocknen. Größere Blumen hingegen können häufig auch über einen längeren Zeitraum ohne Wasser auskommen. Erst wenn die Blätter schlapp hängen, muss gegossen werden.

4. Durchdringend gießen: Selten, aber viel ist die Devise. Gieße nur bei Bedarf, doch dann durchdringend, sodass das Wasser in tiefere Bodenschichten vordringt. So regt man die Pflanzen auch dazu an, tief zu wurzeln.

5. Den Boden vorbereiten: Durch flaches „Öffnen" der obersten Schicht kann das Wasser sofort tief eindringen und verdunstet nicht auf der Oberfläche. Das gelingt zum Beispiel mit einer Pendelhacke.

MULCHEN

Mulchen bedeutet, die Erde zu bedecken. In der Natur gibt es keine nackte Erde. Sie wird geschützt, um Wasser effizient zu speichern, nicht zu verbrennen und nicht auszulaugen. Unter einer Mulchschicht können auch alle Bodenlebewesen in Ruhe ihre wichtige Arbeit verrichten, ohne gestört zu werden.
Im separaten Beet bietet sich Bändchengewebe mit Löchern an. Das ist sehr effizient und nachhaltig, doch nicht so attraktiv.
Im Staudenbeet gibt es die Möglichkeit, mehrere Zeitungsschichten oder auch unbedruckte Pappe um die Stauden herumzule-

Mach am allerbesten eine **Bodenprobe**, um herauszufinden, welche Nährstoffe deinem Gartenboden fehlen.

2

gen und mit Kompost oder Holzschnitzeln zu bedecken. Wichtig: Verwende keinen Rindenmulch, sein pH-Wert ist zu sauer.

DÜNGEN

Die Erde ist die kostbarste Grundlage. Aus ihr beziehen die kleinen Pflänzchen die Energie, um zu großen, kräftigen Blumen heranzuwachsen. Schneidet man die Blumen ab oder entfernt Verblühtes, entzieht man der Erde diese verstoffwechselte Energie. Es gilt also, dem Boden die wichtigen Nährstoffe zurückzugeben. Dafür nutze ich im Blumengarten zwei Mittel:

Kompost: Der perfekte Kreislauf. Pflanzenabfälle zersetzen sich im Lauf mehrerer Monate wieder zu nahrhafter Erde, die man im Garten ausbringen kann. Eine Kompostanlage ist der zentrale Bestandteil eines jedes naturnahen Gartens.

Jauche: Aus klein geschnittenen Pflanzenteilen und Wasser lässt sich eine gärende Jauche ansetzen, die voller wichtiger Nährstoffe ist. Dazu eignet sich zum Beispiel Brennnessel oder Ackerschachtelhalm. Ich nutze auch gerne Beinwell, da er über das Jahr immer wieder austreibt. Die Jauche wird entweder in einem Verhältnis von 1:10 dem Gießwasser beigemischt oder im Verhältnis 1:20 auf die Blätter gesprüht.

Darüber hinaus gibt es tolle natürliche Düngemittel wie Schafwolle, Klee, Hornspäne, Holzasche oder Algen. Diese sollten nach Bedarf eingesetzt werden.

3

1. Gieße durchdringend, damit auch tiefere Bodenschichten durchfeuchtet werden.

2. Pinzieren: Oberhalb einer Blattachsel wird der Haupttrieb gekappt.

3. Gemulcht wird mit Zeitung und/oder Holzschnitzeln (mindestens 5 cm).

PINZIEREN

Pinzieren bedeutet, dass man den Haupttrieb einer Blume kappt, um so dafür zu sorgen, dass die Pflanze an dieser Stelle mehrere neue Seitentriebe ausbildet. Das führt dazu, dass die Pflanze nicht nur einen dicken Stiel hat, sondern schön verzweigt und buschig wächst, natürlich mit viel mehr Blüten an schmaleren, längeren Stielen.
So geht's: Wenn die Pflanzen noch jung, ca. 20 cm groß sind, kappt man mit einer scharfen Schere den Haupttrieb etwa 8 cm über der Erde oberhalb einer Blattachsel.

STÜTZEN

Aufgrund von Wind, Regen oder dem Gewicht großer Blüten knicken hohe Blumen ab oder „legen sich hin". Um lange, kräftige Stiele schneiden zu können, sollte man sie stützen. Dafür gibt es drei Möglichkeiten:
Stäbe: Mit einzelnen Stäben lassen sich solitär gepflanzte große Blumen wie Dahlien oder Kosmeen super stützen. Der Stiel der Blume wird mit einem Band an dem Stab befestigt – gut in integrierten Beeten.
Stützgerüst: Bei höher wachsenden Arten wie Kosmeen, Kornblumen oder Dahlien bietet sich ein Gerüst aus Bambusstäben in einem separaten Beet an. Die Stäbe sind sehr leicht und doch stabil, sodass sie auch den schwersten Stielen zuverlässig Halt geben.
Netze: Etwas aufwendig, aber wirklich super effizient sind horizontal gespannte Netze. Das funktioniert nur in separaten Beeten. Die Netze werden in einer Höhe von ca. 40 cm mithilfe von vier Pfosten über das Beet gespannt, wenn die Jungpflanzen noch klein sind. Die Löcher des Netzes sollten ca. 15 bis 20 cm groß sein, damit die Stiele gut hindurchwachsen können.

UNKRAUT

Man kann Unkräuter auch liebevoll Beikräuter nennen. Sie wachsen im Garten an Stellen, wo wir sie nicht haben

Die leichten Bambusstäbe werden einfach mit einer Schnur aneinandergeknotet und können in der Höhe verstellt werden.

Ein Vlies sorgt für Wärme, eine Folie hält starken Wind und Regen ab.

wollen. Es gibt Samenbeikräuter, die sich über die Luft verteilen, zum Beispiel Franzosenkraut. Diese entferne ich zwischen anderen Pflanzen schnell mit einem Ausstecher. Sehr praktisch in Beeten mit Reihen ist die Pendelhacke. Wurzelunkräuter wie Ackerschachtelhalm, Brombeere oder Ackerwinde hingegen wandern unterirdisch durch die Beete und kommen überall wieder zum Vorschein. Ihnen ist deutlich schwerer beizukommen. Am nachhaltigsten klappt es durch Mulchen, um so den Pflanzen langfristig das Licht zu entziehen, bis sie absterben.

SCHNECKEN

Nacktschnecken fressen am liebsten noch kleine, zarte Pflänzchen und lieben feuchte Verstecke. Deswegen ist das beste Mittel ein Schutz der noch jungen Pflanzen, bis sie groß und kräftig sind.

Absammeln: In den Abendstunden kommen die Schnecken aus ihren Verstecken. Mit einer Taschenlampe kann man sie nun gut entdecken, in einem Eimer einsammeln, zudecken und weit weg vom Garten aussetzen.

Opferpflanzen: Wird eine Schnecken-Leibspeise, beispielsweise Beinwell, in die Nähe von zarten Setzlingen gepflanzt, ist die Wahrscheinlichkeit hoch, dass die Schnecken sich über den Beinwell hermachen anstatt über die jungen Blumen.

Schneckenkragen: Der Kragen aus Stahlblech oder Kunststoff hilft toll bei einzelnen Pflanzen – er schützt die Blumen rundum.

Schneckenzaun: Er funktioniert zwar nur in rechteckigen Beeten, ist dafür aber effektiv und nachhaltig

Schneckenkorn: Diese Methode tötet die Schnecken. Auf Eisenbasis ist es angeblich für alle Tiere außer Schnecken ungefährlich. Unbedingt nach Packungsangabe ausbringen.

Laufenten: Bei einem großen Garten mit Platz für einen kleinen Stall und einen Teich ist diese Variante eine geniale Möglichkeit, um gegen Schnecken vorzugehen.

FROSTSCHUTZ

Für eine extralange Schnittblumen-Saison von Mai bis November kann man vorgezogene Coolflowers schon vor den ersten Frösten ab Mitte März auspflanzen. Die zarten Pflänzchen sollten einen extra Schutz bekommen. Das geht besonders gut mit einem kleinen Tunnel aus Folie oder Vlies. Folie schützt vor starken Regenfällen und Wind, muss jedoch regelmäßig bei Sonnenschein gelüftet werden. Vlies hingegen ist wasser- und luftdurchlässig, sorgt aber trotzdem für das Abhalten von kalten Winden. Ein Folientunnel, der über einen Vliestunnel gespannt wird, schützt doppelt.

Ernte, was du gesät hast

Was gibt es Schöneres, als nach einem langen Sommertag im Abendlicht durch den Garten zu gehen und wie in einem privaten kleinen Blumenladen die schönsten Stiele zu schneiden?

Ich schneide nie alle Blumen, sondern lasse immer genug für die Insekten stehen und ermögliche so auch das Versamen.

BLUMEN SCHNEIDEN

Für den Schnitt nimmt man am besten eine scharfe, schmale Schere. Am praktischsten sind dafür spezielle Weinlese-Scheren.
Grundsätzlich sollten Blumen im Sommer während der kühlsten Tageszeit, also früh morgens oder abends, geschnitten werden. Danach brauchen sie etwas Zeit, um sich zu erholen und sich wieder vollständig mit Wasser vollzusaugen, zu hydrieren. Deswegen sollte man sie nach dem Schnitt sofort für einige Stunden in einen Eimer mit klarem Wasser stellen. Der Eimer sollte kühl stehen: im Schatten oder in einem kälteren Raum.

FÜR EINE LANGE HALTBARKEIT

Wie lange eine Blume in der Vase hält, ist maßgeblich davon abhängig, zu welchem Zeitpunkt sie geschnitten wurde. Ob die jeweilige Art knospig oder schon weit aufgeblüht geschnitten werden sollte, steht in den entsprechenden Blumenporträts (ab S. 15).
Nach der kühlen Erholungsphase dürfen die Blumen gebunden oder gesteckt werden. Die Vase sollte dabei so sauber sein, dass man selbst gern daraus trinken würde. Sonnenlicht, Wärme und Wind verkürzen die Haltbarkeit im Haus, deswegen steht der Strauß am besten an einem schattigen Plätzchen. Ein toller Trick ist es, den Strauß über Nacht nach draußen zu stellen, zum Beispiel auf den Balkon. Dort können die Blumen sich gut erholen und hydrieren.
Bei mir hält ein Strauß in der Regel eine gute Woche. Einige Sorten länger, einige kürzer. Die Blüten, die schneller welken wie Wicken, Dahlien oder Mohn, schneide ich mit einer Schere einfach vorsichtig heraus und rüttele dann ein bisschen am Strauß, sodass sich die Lücken wieder schließen. Sind viele Blumen verwelkt, öffne ich den Strauß nochmal ganz, nehme alles Verblühte heraus und binde aus den frischen Blumen einen neuen, kleineren Strauß oder stelle sie einzeln in die Vase.

TROCKENBLUMEN

Wer im Rhythmus der Jahreszeiten leben möchte, aber im Winter nicht gern auf Blumenschmuck im Haus verzichtet, kann im Laufe des Jahres verschiedene Blumen aus dem eigenen Garten schneiden und trocknen. Mit ihnen lassen sich dann Sträuße, aber auch Kränze oder Girlanden binden. Die drei tollsten Arten zum Trocknen sind Strohblumen, Strandflieder und *Craspedia*. Sie behalten für viele Jahre ihre Form und Farbe.
Die Blumen werden frisch geschnitten, zu kleinen Sträußen gebunden und kopfüber an einem kühlen, luftigen Ort aufgehängt. Während des Trocknens neigen die Stiele zum Schimmeln. Deswegen sollte man sie regelmäßig kontrollieren und der Ort nicht feucht sein. Nach etwa vier Wochen sind die Blumen bereit, um zu Kränzen oder Gestecken verarbeitet zu werden.

1

2

3

1. Die frischen Blumen am besten am frühen Morgen ernten.

2. Die Blumen sofort in sauberes Wasser stellen.

3. Ein Spätsommertraum aus Zinnien, Strandflieder und Löwenmäulchen

BLUMEN BINDEN

Üppiger Strauß in Weiß, Lila, Apricot

Den Strauß mit der einen Hand gut festhalten –
nun ist die andere Hand frei, um weitere Blumen anzulegen.

Ein perfekter Strauß

Als ich meinen ersten großen Blumenstrauß für eine Bestellung binden wollte, fühlte ich mich mit meinen Blumen wie der Autor vor einem weißen Blatt Papier: Ich war überfordert und wusste gar nicht, wie ich anfangen sollte.

Dann legte ich einfach los, nahm Blume für Blume in die Hand und war schnell enttäuscht: Es sah wirr und durcheinander aus und nicht wie ein schöner Strauß. Mir wurde schnell bewusst, dass zwischen Blumen im Garten pflücken und einfach auf den Küchentisch stellen und dem richtigen Binden eines Straußes ein himmelweiter Unterschied liegt: Damit ein Strauß ausgewogen, stimmig und harmonisch wirkt, gilt es, einige Grundregeln zu beherzigen.

ENTSCHEIDE DICH FÜR EIN FARBSCHEMA

Wenn du die Auswahl im Garten hast, bleibe in Farbfamilien oder kombiniere nur ausgewählte Farben miteinander, um einen frischen Strauß zu binden. Beispiele:
Grün, Weiß, Gelb und Blau: Damit bekommst du einfach einen „Feld- und Wiesen-Look".
Rot, Pink, Burgunder und Lila: Sehr intensiv und leuchtend. Diese dunklen, kräftigen Farben können sehr edel und extravagant aussehen.
Weiß, Creme und Burgunder: Damit erzeugst du eine edle Wirkung. Sehr klassisch für Hochzeiten.
Apricot, Rosa und Gelb: Eine Kombination aus diesen drei Farben in unterschiedlichen Nuancen ist sehr frisch und modern.

KOMBINIERE VERSCHIEDENE BLÜTENFORMEN

Damit ein Strauß abwechslungsreich und zugleich luftig und harmonisch wirkt, gibt es einen Trick: Man kombiniert Blumen mit unterschiedlichen Blütenformen. Dabei gibt es fünf verschiedene Kategorien, aus denen gewählt werden kann:
Zentrale Blumen: Tulpen, Ranunkeln, Sonnenblumen, Sommerastern oder Dahlien. Sie bilden die ruhige Mitte.
Spitzen: Levkojen, Löwenmäulchen oder Rittersporn sorgen für eine gestaffelte Höhe.
Scheiben: Ringelblumen, Zinnien, Kosmeen oder *Orlaya* füllen und bringen auch Ruhe.
Füller: Hasenohr, Strohblumen, Strandflieder, Basilikum oder Minze sind entweder grün oder gedeckt in einer Farbe gehalten, um den Strauß dicht und „rund" zu machen.
Luftiges: Schleierkraut, Mutterkraut, Jungfer im Grünen, Wicken oder Mohn geben dem Strauß einen romantischen, verspielten und leichten Touch.

Für einen **kleinen Strauß**, brauchst du eine zentrale Blume, drei Spitzen, drei Scheiben, von drei Sorten je fünf Füller und vom Luftigen noch mal drei Stiele. Also etwa 25 Blumen.

SO BINDEST DU EINEN STRAUSS

Blumen vor dem Binden kühl stellen

1. Eine gute Organisation macht alles leichter: Lege alle Blumen gesäubert und nach Sorten getrennt auf eine Arbeitsplatte oder einen Tisch. Keine Angst, die halbe Stunde überstehen deine Blumen auch ohne Wasser. Ausnahme: Zinnien und Dahlien werden dann an einer Seite sehr unschön eingedrückt, lass sie lieber im Wassereimer. Nun hast du einen guten Überblick über die Farben, Formen und Größen und erkennst schneller, was schön zusammen aussieht.

2. Beginne mit der zentralen Blume und lege rund herum die weiteren Blumen so an, dass die Blumen, die nah beieinanderliegen, gut zueinanderpassen. In einem Strauß können auch Blumen, die eigentlich nicht zusammenpassen, harmonisch wirken, da sie sich nicht berühren. Halte den Blumenstrauß in der linken Hand schön fest (wenn du Linkshänder bist, in der rechten Hand) und lege die Blumen mit der rechten an – das ist eine reine Übungssache!

3. Wenn der Strauß ein Geschenk sein soll, setze die linke Hand ein wenig tiefer und wickle nun oberhalb mit Bast oder einer Juteschnur mehrmals drum herum, lege ihn ab und binde eine Schleife. Du kannst natürlich auch ein Gummiband benutzen, das ist nur weniger ökologisch und nicht so hübsch – geht aber schneller! Wenn der Strauß für dich zu Hause ist, stelle ihn in eine passende Vase und rüttle die Blumen vorsichtig, bis alle locker an ihrem Platz stehen.

4. Wenn du den Strauß noch transportieren musst, weil er ein Geschenk sein soll, wickle ihn am besten ein, zum Beispiel in braunes Packpapier. Ich nehme gern Zeitungspapier, wenn die Blumen kein feierliches Geschenk, sondern ein Mitbringsel sind. Das ist zwar nicht ganz so dekorativ, aber dafür viel ökologischer. Lege den Bogen schräg quer, schlage ihn unten ein, wickle ihn um den Strauß und befestige ihn mit einem Klebestreifen.

Trockenkränze binden

Kränze aus getrockneten Blüten sind eine tolle Möglichkeit, das Haus oder die Wohnung auch im Winter mit Blumen zu schmücken. Sie bringen Farbe in jeden Raum, sind ein wunderbares Geschenk und eine echte Option für alle, die im Rhythmus der Jahreszeiten leben wollen.

Du kannst gezielt Arten mit Blüten, Blättern, Beeren und Samenständen in deinen Garten pflanzen, um dir über das Jahr hinweg eine große Auswahl an getrockneten Materialien für Kränze oder andere Arrangements zusammenzustellen. Je größer die Auswahl, desto kreativer kann mit unterschiedlichen Größen, Formen und Farben gespielt werden. Um im Herbst bunte, abwechslungsreiche Kränze zu binden, kann man schon während des gesamten Sommers daran denken, Blumen zum Trocknen zu schneiden und aufzuhängen.

DIE TOP-TROCKENBLUMEN

Es gibt einige Arten, die sich besonders gut eignen, weil sie zu nahezu 100 % ihre Farbe, Intensität und Form behalten und jeden Kranz zum Leuchten bringen. Sie enthalten bereits als frische Blüten recht wenig Wasser und verändern sich dadurch kaum während des Trockenprozesses. Dazu gehören Strohblumen, Strandflieder, Lampionblüten, Edeldisteln und *Craspedia*.

DIE ZWEITE WAHL

Blumen, die getrocknet sehr schön aussehen, aber ein wenig verblassen oder durch die entzogene Feuchtigkeit etwas ihre Form verändern, sind zum Beispiel Schleierkraut, Feldrittersporn, Rosen, Hortensien, Lavendel, Schafgarbe, Nelken und Rainfarn.

GRÜNE FÜLLER

Neben den bunten Blüten gibt es auch verschiedene grüne Füller, die sich gut trocknen lassen. Besonders gern mag ich das Laub von Lavendel, Eukalyptus oder Buchsbaum. Es eignen sich auch Thymian, Salbei oder Rosmarin.

BEEREN UND SAMEN

Verschiedene Beeren sehen besonders in Herbst- und Weihnachtskränzen hübsch aus: Vogelbeeren, Hagebutten, *Ilex*-Beeren oder kleine Zier-Äpfel. Und auch getrocknete Samenstände bringen mit ihren ungewöhnlichen Formen Abwechslung in den Kranz. Toll sind unterschiedliche Mohnsorten sowie die *Scabiosa stellata* 'Sternkugel'.

GUT GETROCKNET

Alle Materialien sollten sehr gut durchgetrocknet sein, das dauert ca. drei bis vier Wochen. Bindet man mit frischen Blüten und Blättern, verlieren diese über die Zeit ihre Feuchtigkeit und ziehen sich dadurch zu-

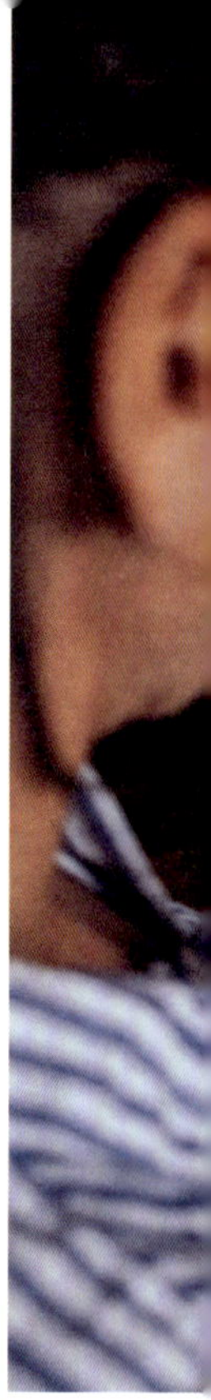

1

Möchte man den Kranz vom Frühling bis zum Herbst verstauen, eignet sich am besten ein Karton, der an einem **trockenen Ort** aufbewahrt wird. So bereitet der Kranz Jahr für Jahr immer wieder aufs Neue Freude.

2

3

sammen. Das Volumen schrumpft und der Draht kann sie so nicht mehr halten, dadurch fallen sie aus dem gebundenen Kranz.

DAS GRUNDGERÜST

Für die Basis wird ein Gerüst benötigt. Das kann ein Reifen sein, beispielsweise aus Holz oder Metall, oder du nutzt Naturmaterialien und bastelt dir den Reifen selbst. Dafür eignen sich biegsame Äste wie Weidenruten, *Ilex*, Haselnuss, Flieder, Hartriegel oder dünne Fichtentriebe.
Es gibt auch die Möglichkeit, einen Strohkranz als Basis zu nutzen. Dadurch wird der Kranz automatisch füllig und dick. Diese Kränze sehen an der Haustür oder auf einem großen Tisch toll aus. Je filigraner die Basis, desto feingliedriger der Kranz.
Für das Binden des Reifens und das Befestigen der Blüten und Blätter nutze ich gern einen dünnen Draht in Grün. Der ist dann später nicht mehr sichtbar und hält sehr gut.

1. Das Binden von Kränzen mit getrockneten und duftenden Blüten aus den Sommermonaten macht an dunklen Nachmittagen besonders viel Spaß.

2. Strohblumen und *Craspedia* behalten ihre leuchtenden Farben nach dem Trocknen für viele Jahre, solange sie nicht in die Sonne gehängt werden.

3. Für das Binden der Kränze braucht man eine Basis für den Ring, getrocknete Blüten, Draht und eine scharfe Schere.

KRÄNZE BINDEN – SCHRITT FÜR SCHRITT

1. Um die Basis selbst zu basteln, beginnt man mit dem Bauen des Reifens. Je nach Länge und Dicke der Äste sowie der Größe des Kranzes werden zwei oder mehr Äste benötigt. Die Äste werden nun in die gewünschte Form gebogen und dann mit dem dünnen Draht am Übergang zum nächsten Ast fest und mehrmals aneinandergebunden. Ist der Reifen fertig, aber noch etwas krumm, kann man ihn durch sanftes Biegen und Drücken zu einem Kreis formen.

2. Wie auch beim Straußbinden sollte man alle Materialien sortieren und vor sich auf eine große Fläche, einen Tisch oder den Boden legen. Jede Sorte und Farbe wird getrennt gebündelt. So hat man eine gute Übersicht über die unterschiedlichen Formen, Größen und Längen und kann spontan aus der „Palette" auswählen, was gut zusammenpasst. Alles ist möglich: bunt gemischt, sanfte Farbverläufe oder verschiedene Nuancen aus einer Farbfamilie, zum Beispiel Apricot- oder Beerentöne.

3. Wähle die ersten Blüten aus. Entweder legst du alle Blumen und Blätter nacheinander an und befestigst sie einzeln am Reifen oder du bindest vorab viele kleine Sträußchen, die dann abwechselnd befestigt werden. Das einzelne Anlegen wirkt etwas filigraner. Wichtig ist bei beiden Methoden, lieber einmal mehr zu wickeln, damit auch wirklich alles an der richtigen Stelle bleibt. Am einfachsten ist es, wenn man sich vorab mehrere längere Drahtstücke abschneidet.

4. Entweder wird der Kranz gleichmäßig voll gebunden und geschlossen oder für eine Asymmetrie ein Stück offen gelassen, dabei bleibt eine Teil des Rings leer, und es wird nur etwa die Hälfte bis zwei Drittel mit Blumen verziert. Am Ende solltest du Blüten und Reifen noch einmal fest mit Draht umwickeln. Nun kann der Kranz gelegt oder mit einem Band – Schmuckband oder natürliche Juteschnur – aufgehängt werden. Ich hänge meine Kränze auch gern direkt an einen Nagel. Für eine lange Haltbarkeit ist wichtig, dass der Kranz nicht im direkten Sonnenlicht hängt.

BUCHSBAUM
HORTENSIE
STROHBLUMEN
STRANDFLIEDER

Service

NÜTZLICHE ADRESSEN

Saatgut

www.bingenheimersaatgut.de
www.jansensamen.de
www.jelitto.com
www.keimzeit-saatgut.de
www.saatgut-vielfalt.de

Stauden

www.allgaeustauden.de
www.gaissmayer.de
www.graefin-von-zeppelin.de

Zubehör

Blumenschere: www.staudengaertnerei-bornhoeved.de
Erdballenpresse: www.biogartenversand.de
Folien und Vliese: www. biogartenversand.de
Pendelhacke: www.manufactum.de
Quickpot-Platten: www.biogartenversand.de
Schneckenkragen: www.biogartenversand.de
Unkrautstecher: www.waschbaer.de

ZUM WEITERLESEN

Erin Benzakain: **Mein wunderbarer Blumengarten.** Floret Flower Farm. DVA

Margrit De Colle: **Bio-Schnittblumen aus dem eigenen Garten.** Die besten Anbautipps und die schönsten Gestaltungsideen fürs ganze Jahr. Für Balkon, Beet und Blumengarten. Löwenzahn

Chantal Remmert: **Slowflowers.** Wilde Gärten und ungezähmte Bouquets. Haupt

Slowflower-Bewegung e. V.: **Slowflower Bewegung.** Nachhaltiger Blumenanbau – Gesichter und Geschichten. Haupt

REGISTER

BILDNACHWEIS

124 Farbfotos wurden von Sebastian Funk für dieses Buch aufgenommen.

Weitere 12 Farbfotos von
Flora Press (6): /Buiten-Beeld: 23 o.; /GWI: 15 o.; /Jonathan Buckley: 43 u.; /Visions: 15 u., 39 u.; 51 u.; **Staudengärtnerei Gaißmayer** (1): 32 o.; **GAP Photos** (4): 57 u.; /Jonathan Buckley: 28 o.; /Pernilla Bergdahl: 92; /Rachel Warne: 16 o.; **Shutterstock.com** (1): /Nahhana: 36 o.;

Mit 25 Illustrationen von Farina Kuklinski, Köln.

IMPRESSUM

Umschlag- und Klappengestaltung von Claudia Eder, Schönburg, unter Verwendung von 11 Farbfotos von Sebastian Funk und 5 Farbzeichnungen von Farina Kuklinski.

Mit 136 Farbfotos und 25 Farbzeichnungen.

Alle Angaben in diesem Buch sind sorgfältig geprüft und geben den neuesten Wissensstand bei der Veröffentlichung wieder. Da sich das Wissen aber laufend in rascher Folge weiterentwickelt und vergrößert, muss jeder Anwender prüfen, ob die Angaben nicht durch neuere Erkenntnisse überholt sind. Dazu muss er zum Beispiel Beipackzettel zu Dünge-, Pflanzenschutz- bzw. Pflanzenpflegemitteln lesen und genau befolgen sowie Gebrauchsanweisungen und Gesetze beachten.
Die Blütenfarben sind sortenabhängig, daher können auch Farben auf dem Markt sein, die im Buch nicht genannt werden. Die Blütezeiten sind ebenfalls sortenabhängig, aber auch klima- und standortabhängig. Die angegebenen Wuchshöhen und -breiten der Pflanzen sind Mittelwerte. Sie können je nach Nährstoffgehalt des Bodens variieren. Verschiedene Sorten können deutlich größer oder auch kleiner wachsen als die Art.

Gedruckt auf umweltfreundlichem Papier, klimaneutral hergestellt.

ISBN 978-3-440-17669-6
Projektleitung: Carolin Küßner
Redaktion und Bildredaktion: Carolin Küßner
Gestaltungskonzept: GRAMISCI Editorialdesign, München
Gestaltung und Satz: Katrin Kleinschrot, Stuttgart
Produktion: Klaus Jost
Druck und Bindung: Gugler GmbH, A-Melk/Donau
Printed in Austria / Imprimé in Autriche

print 4 climate®
klimapositiv gedruckt

Gedruckt nach der Richtlinie „Druckerzeugnisse" des Österreichischen Umweltzeichens. gugler® print, Melk, UWZ-Nr. 609, www.gugler.at

PurePrint®
innovated by gugler® DruckSinn
Gesund. Rückstandsfrei. Klimapositi
drucksinn.at